홈스쿨링을 시작하는 어머니가 꼭 알아야 할 것들

자녀라는 값진 열매를 사랑으로 맺게 하는 홈스쿨의 핵심

홈스쿨링을 시작하는
어머니가 꼭 알아야 할 것들

마이클 패리스 지음 | 임종원 옮김

카리스

홈스쿨 어머니, 당신은 잘할 수 있습니다

✳

홈스쿨링의 영향력

나의 소명 가운데 첫 번째는 하나님 나라이며, 두 번째는 국가다. 이 두 가지 우선순위를 위해 매일 노력하고 있다. 홈스쿨링 운동에 20년 동안 몸담아오면서 하나님 나라와 국가를 위해 내가 할 수 있는 가장 멋진 일은 바로 홈스쿨링 어머니들을 격려하는 것임을 확신하게 되었다.

기독교 홈스쿨링은 학문적인 영역에서 분명한 가능성과 결과를 보여 주었으며, 충분히 그럴 만한 잠재력을 갖고 있다. 또 영적인 영역에서는 더욱 실질적인 영향력을 끼치고 있다. 홈스쿨링이야말로 모든 삶의 영역에서 제자 훈련을 위한 궁극적인 도구다. 우리가 교회나 주일학교에서 영성이 깊은 척 할 순 있다. 그러나 가정에서 지속되는 일상 가운데에서라면 자기 영성을 속일 수 없다. 홈스쿨링으로 자라는 자녀들은 삶을 변화시키는 영성 훈련에 그대로 노출되기 때문에 자기 인생뿐만 아니라 우리 자녀들이 만나는 많은 사람들의 인생에도 영향을 끼치게 된다.

만약 어떤 어머니가 홈스쿨링을 중단하게 된다면 영적 영향력도 그만큼 실질적으로 감소하게 될 것이다. 또한 홈스쿨링 어머니들은 다른 어떤 집단보다 더 많이 한 나라의 정치와 문화에서 나타나는 모습을 서서히 바꾸고 있다. 미국에서 드러나고 있는 가장 커다란 문제는 지도자들이 정부의 목적을 제대로 이해하지 못하고 있다는 사실이다.

홈스쿨 어머니의 사명

성경에서든 헌법에서든 정부가 모든 인류의 슬픔과 문제를 해결하는 기관이라고 말하지도 않고, 또 그렇게 기대하지도 않는다. 그러나 대다수 지도자들은 이 사실을 이해하지 못한다. 정부는 개인의 생명과 자유와 재산을 보호해야 할 임무가 있다. 그런데 정부가 스스로 소위 구세주가 되려고 할 때 개인의 자유와 재산은 오히려 침해 받을 위험에 처하게 된다.

이 문제를 변화시키기 위한 가장 좋은 방법은 정부가 모든 문제에서 구세주가 되려고 해서는 안 된다고 생각하는 세대를 키워내는 것이다. 오히려 다음 세대들은 자기 부모로부터 교육받을 때 건국 선조들과 비슷한 시각으로 세상을 이해하게 될 것이다. 설령 홈스쿨 어머니들이 자녀들에게 직접 정치적인 개념들을 가르치지 않았다 해도 자녀들은 집에서 받은 교육을 통해 이 나라의 건국 원리인 자유에 대한 관념을 깊이 받아들이게 된다. 서문 외에는 이 책에서 정치에 관한 이야기는 더 이상 하지 않겠다. 앞서 말한 대로 이 책의 목적은 홈스쿨 어머니들을 격려하는 것이기 때문이다.

홈스쿨 어머니들은 대부분 보잘것없는 영성으로 단지 학습적인 가르침을 자녀들에게 조금 제공하고 있을 뿐이라고 생각할지 모른다. 하지만 이런 노력은 매우 가치 있기는 하나 매우 고된 일임을 잘 알고 있을 것이다. 혹시 어머니들이 이런 노력을 통해 얻게 될 엄청난 상급에 대해서도 제대로 이해하지 못할 수 있다. 그런 면에서 어머니들에게는 더욱 큰 안목이 필요하다.

어머니에게 주어지는 보상

이 책은 아내 비키가 우리 가족의 홈스쿨링을 시작한 지 21년째 접어들면서 집필하게 되었다. 물론 몇몇 내용들은 과거에 쓴 것들도 있다. 장기적인 면에서 보면 아이들이 성인으로 성장해감에 따라 우리 가족의 홈스쿨링은 자녀들의 삶 가운데 영적·학문적 유익들을 수없이 목격할 수 있었다. 물론 나

어머니들이여,
지치지 말고 끝까지 믿음으로 달려갑시다!

홈스쿨링, 삶의 양식을 선택하는 것

이 사회에서 우리 각자의 가정이 바로 서야 사회도, 국가도, 세상도 바로 세울 수 있다. 그러고 보니 대부분 사람들은 홈스쿨링을 그저 단순하게 자녀들을 학교 보내지 않고 집에서 공부시키는 것이라고 생각한다. 그러나 홈스쿨링에는 깊은 하나님의 비전과 경륜이 담겨 있다. 그러므로 다른 관점에서 바라보는 홈스쿨링에 대한 정의를 살펴보자.

홈스쿨링은 가정 단위의 작은 교육 형태이므로 우리 가정과 아이들 각자에게 가장 적절한 맞춤식 교육이 가능하다. 여기에는 교육 내용, 방법, 속도, 방향, 시기, 장소, 선생님 등 모든 것들이 포함된다. 다른 누구도 아닌 우리 아이들의 고유한 빛깔과 역량, 적성과 관심사에 맞추어 교육을 진행할 수 있다. 다른 아이들의 실력을 따라잡기 위해 욕심 내지 않고, 진도가 조금 느리다고 조바심 내지 않고, 어느 누구와 비교하지 않아도 된다. 우리 자녀의 속도와 리듬에 맞게 선택하여 교육을 진행할 수 있다. 무엇보다 자녀 스스로 자기 주도적으로 인생을 살아갈 수 있도록 돕는 방식이기도 하다.

홈스쿨링을 폭넓게 이해하고 있는 사람이라면 이게 단순한 교육 방식의 차이가 아님을 금세 알 수 있다. 곧 우리 인생의 모든 영역을 포괄하는 삶의 양식에 관한 선택이기 때문이다. 대개 처음에는 우리 자녀들을 좀 더 똑똑하게 키우기 위해 홈스쿨링에 발을 들여놓는 경우가 많다. 그런데 일단 시작하고 나면 하나님이 먼저 부모들을 홈스쿨링의 학생으로 부르셔서 삶의 자세나 관점, 성품 영역 등 이런저런 부분들을 차례로 훈련하시고 다듬어 가신다는 것을 알 수 있다. 지금까지 제도권의 공교육에서는 쉽게 떠먹여 주었기에 부모라는 존재가 그리 중요하지 않았다. 그저 학교에서 교사가 시키는 대로 하면 그만이었다.

반면 홈스쿨링에 뛰어든 부모들은 자기 스스로 길을 찾아야 하고, 자기 스스로 교사가 되어야 하고, 또 자녀들에게 책임 있는 존재가 되어야 한다. 게다가 부모가 먼저 배우는 학생이 되어야 하고, 자신이 배우는 만큼 자녀들도 배우고, 자신이 하나님께 나아가는 만큼 자녀들도 그분께 나아갈 수 있음을 깨닫게 된다. 이처럼 부모들이 먼저 삶의 방식과 태도에서 변화를 겪게 된다. 이것은 자녀들에게도 마찬가지다. 우리 인생이란 그저 공부만 잘한다고 되는 게 아니기 때문에 실제 홈스쿨링 과정에는 다양한 삶의 영역들이 모두 포함된다.

내가 즐겨 쓰는 홈스쿨링에 대한 또 다른 정의는 '온 가족이 함께 떠나는 즐거운 믿음 여행'이다. 가족 가운데 어느 누구도 빠짐없이 다함께 홈스쿨링 여행을 떠나는 것이다. 곧 홈스쿨링은 우리 삶 구석구석에서 하나님이 어떻게 일하시는지 주목하고 기도하고 기대하면서 그분의 일하심에 믿음으로 반응하는 훈련을 온 가족이 함께하는 것이다. 그러니 흥미진진하고 즐거울 수밖에 없다. 어떤 때에는 스릴이 넘친다. 물론 고통스러울 때도 있다. 하나님이 항상 우리가 원하는 대로만 일하시지 않기 때문이다. 이럴 때조차도 온 가족이 함께 믿음으로 나아가는 삶이야말로 진정한 홈스쿨링의 매력이자 참 보화를 캐내는 방법이라고 할 수 있다.

지속가능한 홈스쿨링을 이끄는 사랑의 힘

홈스쿨링은 분명 학교를 통해 성장하고 학습해 온 부모 세대가 경험해 보지 못한 놀라운 도전이다. 여러 가지 매력 가운데 가장 손꼽을 수 있는 장점은 온 가족이 함께한다는 점이다. 아버지와 어머니 그리고 자녀들이 함께 사랑하고, 함께 기도하고, 함께 시간을 보낸다. 이것은 자라나는 자녀에게 부모가 줄 수 있는 최고의 선물이다.

박수를 아끼고 싶지 않은 부분은 무엇보다 어머니들의 헌신이다. 대개 어머니들은 인생의 행복을 자기계발과 자아실현에서 찾는 것이 아니라 남다른 모성애를 발휘하여 자녀들과 가정이 함께 성숙하는 데에서 찾기 때문이다. 출산 과정도 어디에도 비교할 수 없는 놀라운 헌신이지만, 오랫동안 자녀들을 뒷바라지하기 위해 인생에서 최고의 시간들을 희생한다. 이는 홈스쿨 어머니들도 크게 다르지 않다.

오히려 홈스쿨 어머니들은 대부분 더 많은 짐을 짊어지고 있다. 자녀를 학교에 보냄으로써 교육에 관한 책임을 모두 학교에 전가시키는 것이 아니라 오롯이 자기 어깨에 짊어지고 있기 때문이다. 자녀의 영적 건강과 교육 계획을 비롯해 자녀가 자기 진로를 찾아갈 때까지 쉴 틈 없이 보듬고 격려한다. 게다가 홈스쿨링을 진행하면서 여러 가지 이유로 자녀에 대해 영적 리더십을 발휘하거나 중요한 결정을 내리는 책임까지 떠맡는 경우가 많다.

어떤 이들은 학문적 영역에서 대다수 홈스쿨 어머니들이

전문적인 기술이나 자격을 갖춘 공립학교 교사들에 비해 부족하다고 우려한다. 또 혹자는 자녀들을 어머니의 역량 이상으로 성장시키기보다 오히려 자기 한계 안에 가두고 있는 건 아니냐고 지적하기도 한다. 영적인 면에서도 어머니의 보잘 것없는 영성이 자녀들에게 어떤 영적 통찰을 안겨다 줄 수 있는지 의문을 제기하기도 한다.

이에 대해 분명히 대답할 수 있는 말은, 그런 우려를 불식시킬 수 있는 이유는 어머니들이 희생적인 사랑으로 가르친다는 사실이다. 사랑하는 어머니의 힘은 곳곳에서 강력하게 발휘된다. 가령, 자신을 위한 기도는 제대로 못할망정 자녀들을 위한 기도는 누구보다 뜨겁게 한다. 자기는 배를 곯아도 자녀들은 배불리 먹인다. 아무리 피곤하고 졸려도 자녀들을 위해서라면 기꺼이 잠

"아무리 가르치는 은사가 부족한 어머니라 해도 넘치는 사랑으로 가르칠 때 온갖 어려움을 이겨내고 결국에는 얼마든지 자녀들의 진보를 이끌어낼 수 있다."

자는 시간을 아껴서라도 내일을 준비한다. 아무리 가르치는 은사가 부족한 어머니라 해도 넘치는 사랑으로 가르칠 때 온갖 어려움을 이겨내고 결국에는 얼마든지 자녀들의 진보를 이끌어낼 수 있다.

우리 집이 완벽하지 않아도 괜찮아요!

　성공적인 홈스쿨링은 교수 능력과 지적 자질이 뛰어나고, 요리와 가사, 외국어와 예체능, 다양한 교육 정보 수집 능력까지 다방면에서 뛰어난 슈퍼우먼이 되어야만 하는 것은 아니다. 완벽하지 않아도 괜찮다. 집안이 늘 깔끔하게 정돈되어 있지 않아도, 빨래가 밀려 있고 요리할 시간이 부족해서 종종 배달 음식을 시켜 먹을지라도, 여러 커리큘럼을 비교·분석하여 탁월한 교재를 선택하거나 뛰어난 피아노 선생님을 섭외하지 못한다 해도 괜찮다. 심지어 다른 홈스쿨 가정과 비교하면서 '내가 정말 잘하고 있나?'라는 자괴감이 들더라도 큰 문제가 되지 않는다. 가장 중요한 것은 각 가정마다 자신만의 방향과 속도로 지치지 않고 계속해서 나아가는 것이다. 천천히, 조금씩, 꾸준히, 즐거이, 다함께, 끝까지, 믿음으로!

　이 책의 목적은 홈스쿨 어머니들에게 무슨 잔소리를 늘어놓거나 홈스쿨 노하우를 전수하려는 게 아니다. 그보다 중요한 것은 홈스쿨 어머니들을 위로하고 격려하는 데 초점을 맞추고 있다. 다른 홈스쿨 가정과 비교하면서 불안해하고 염려하는 어머니들에게 '당신은 여전히 잘하고 있다'라고 격려한다. 남편의 도움이 턱없이 부족할지라도, 자녀들과 씨름하느라 진이 빠졌다 해도 우리 가정이 장차 얻게 될 영적 가치와 열매를 기대하면서 힘을 내도록 다독여 준다.

저자 마이클 패리스는 이 책을 통해 홈스쿨 어머니들에게 가장 필요한 메시지를 전하고 있다. 그것은 따뜻한 위로와 격려다. 어머니가 보여주는 사랑의 힘이 홈스쿨의 성공을 결정하는 가장 중요한 요소라고 힘주어 말한다. 이 작은 책이 이제 막 홈스쿨링을 시작하려고 고민하는 어머니들에게, 또 홈스쿨링에 관심을 가지고 있는 어머니들에게, 더 나아가 이미 홈스쿨링의 길을 열심히 달려가고 있는 어머니들에게 작은 용기와 소망의 디딤돌이 되기를 바란다. ✤

2019년 8월 31일
임종원

차 례

1장

어머니의
영적 영향력이
홈스쿨링을 결정한다

비록 당신이 극복해야 할 어제가 참으로 심각하고 비참하다 해도 하나님은 얼마든지 당신의 어제를 극복하실 수 있다. 하나님은 예수 그리스도의 능력으로 당신과 자녀들을 얼마든지 높이실 수 있다. 그리스도는 우리 죄를 용서해 주시고 아무리 흉악한 죄인이라 할지라도 영광스러운 성도로 돌이키게 하신다.

✳

페니미즘 vs 경건한 모성애

여성운동feminist movement은 지금까지 스스로 힘을 갖추기 위해 분투해 왔다. 페미니즘은 본질적으로 자기중심적인 목적을 달성하기 위해 힘을 쟁취해야 한다는 이데올로기를 주장한다. 여기에는 스펙과 경력, 외모 관리, 정치력이나 재력 같은 힘이 포함된다.

이와는 달리 어머니의 힘은 이기심과는 정반대 방향에 자리 잡고 있다. 어머니가 10개월 동안 엄청난 불편과 희생 그리고 고통을 감내하는 가운데 새로운 생명이 탄생하게 된다. 또한 어머니는 이 생명을 위해 수많은 날들을 불면의 밤으로 지새우면서 양육과 지도를 아끼지 않는다. 단지 출산 과정 자체는 병원에서 끝날 수도 있다. 그 이후로도 수많은 어머니들이 오랫동안 수고를 아끼지 않고 자녀들에게 가장 좋은 것을 제공하기 위해 자기 인생에서 최고의 시간들을 끊임없이 희생한다.

이처럼 힘을 쟁취하는 데 있어서 페미니즘은 경건한 모성애와 전혀 비교할 수 없다. 여기서 말하는 힘이란 궁극적으로 다른 사람들의 결정과 행동에 영향을 끼치는 능력이다. 자신만 생각하는 이기적인 지도자를 기꺼이 따를 사람은 없다. '내가 우선'이라는 생각을 가지고 있는 지도자는 자신을 따르는 사람들을 타협할 수밖에 없는 처지로 내몰기 때문이다. 그래서 우리 안녕을 위해 힘쓰고 희생하는 지도자에게 신뢰를 보낸다. 우리를 진실로 사랑하는 사람을 따르려고 하는 것은 인지상정이다.

"요람을 흔드는 손이 세상을 지배한다"는 속담이 있다. 이것을 진리라고 말할 수 있는 단 한 가지 이유가 있다. 곧 희생적인 사랑은 이기심보다 더 신뢰할 수 있기 때문이다. 그래서 경건한 어머니들이 항상 세속의 여권신장론자들보다 더 엄청난 영향력을 발휘하게 된다.

모성애를 넘어

이 장에서는 성경에서 남다른 모성애를 보여준 사례들을 통해 자녀들의 인생에 어떻게 영향력을 끼치는지 네 가지 측면에서 살펴보고자 한다. 이 사례들이 당신을 격려하는 동시에 활력을 불어넣어 자녀들과 함께하는 어머니의 역할을 더 잘 감당할 수 있게 되기를 소망한다. 하지만 어머니가 구체적으로 어떤 목표를 가지고 행동해야 하는지 세세하게 열거하지는 않겠다. 때때로 그런 지침들이 오히려 큰 그림을 제대로 볼 수 없도록 방해하기 때문이다. 그래서 이 책은 홈스쿨 어머니들에게 세부적인 행동 지침과 노하우를 알려 주기보다는 큰 그림을 볼 수 있도록 안내하고자 한다.

이 책을 통해 홈스쿨 어머니들에게 해 줄 수 있는 가장 중요한 일은 자녀들의 인생에 미치는 긍정적이고 장기적인 영향력이 어떤 것인지 정확하게 볼 수 있게 해 주는 것이다. 이처럼 '큰 그림'에 대한 안목을 가질 때에야 홈스쿨링이 흔들리지 않고 충분한 격려를 얻게 된다. 지난 20년 동안 홈스쿨 운동에서 쌓은 경험을 통해 나는 흔히 모성애라고 부르는 수고와 희생의 나날들을 담대히 이겨내고 있는 어머니들을 충분히 격려할 수 있으리라 확신한다.

한나, 기도하는 엄마의 힘

사무엘은 어머니의 기도로 말미암아 자기 인생이 특별하게 빚어진 위대한 하나님의 사람이었다. 사무엘의 탄생 자체도 어머니 한나의 기도에 대한 응답이었다. 사무엘의 아버지도 한나가 아이를 갖지 못하리라는 사실을 순순히 받아들인 것처럼 보인다는 점에 주목한다면 아주 흥미롭다. 엘가나는 한나를 끔찍이 사랑했으며, 한나에게서 자녀를 얻고 싶어 했을 것이다. 그런데 엘가나에게는 두 명의 아내가 있었고, 또 다른 아내에게서 여러 명의 자녀를 얻었다. 그러니 엘가나는 현재 상황에 그대로 만족하고 있었을 것이다.

그러나 한나는 이 상황에 대해 만족하지 못했으며, 아이를 낳게 해 달라는 바람을 가지고 하나님 앞에 나아갔다. 단순히 아이가 아니라 아들을 낳게 해 달라고 간절히 기도했다. 한나는 비통한 마음과 쓰라린 영혼으로 많은 눈물을 흘리면서 하나님께 기도했다.

> 한나는 괴로운 마음으로 주님께 나아가, 흐느껴 울면서 기도하였다. 한나는 서원하며 아뢰었다. "만군의 주님, 주님께서 주님의 종의 이 비천한 모습을 참으로 불쌍히 보시고, 저를 기억하셔서, 주님의 종을 잊지 않으시고, 이 종에게 아들을 하나 허락하여 주시면, 저는 그 아이의 한평생을 주님께 바치고, 삭도를 그의 머리에 대지 않도록 하겠습니다." 사무엘상 1:10-11, 새번역

하나님은 어머니 한나의 기도에 응답하셨고, 사무엘이 잉

태되어 태어났다. 어머니의 간절한 기도의 결실로 사무엘이 태어났을 뿐 아니라 사무엘의 삶 또한 어머니의 기도에 대한 반응으로 제사장이자 선지자로 빚어졌다.

한나는 기도하는 가운데 사무엘을 나실인으로 구별하여 하나님을 섬기는 일에 드리겠다고 서원했다. 하나님 앞에서 처음 기도할 때 "삭도를 그의 머리에 대지 않도록 하겠습니다."라는 말에 내포되어 있듯이 사무엘이 특별한 섬김의 직분을 감당할 수 있도록 올려 드린 것이다. 여담이지만, 고등학생 시절에 어머니에게 왜 나를 위해 한나처럼 기도하고 머리를 기를 수 있도록 해 주지 않았느냐고 물었다. 어머니는 웃으면서 내 머리를 바리캉으로 깔끔하게 밀어 주겠다고 농담을 하셨다.

놀랍게도 한나는 처음 기도한 것을 그대로 실행했으며, 계속해서 기도하는 동안에도 이 약속을 지켜 나갔다. 사무엘의 부모는 엘리 제사장 앞으로 아이를 데리고 갔을 때에도 이렇게 말했다.

그들이 수소를 잡고 나서, 그 아이를 엘리에게 데리고 갔다. 한나가 엘리에게 말하였다. "제사장님, 나를 기억하시겠습니까? 내가, 주님께 기도를 드리려고 이곳에 와서, 제사장님과 함께 서 있던 바로 그 여자입니다. 아이를 낳게 해 달라고 기도하였는데, 주님께서 내가 간구한 것을 이루어 주셨습니다. 그래서 나도 이 아이를 주님께 바칩니다. 이 아이의 한평생을 주님께 바칩니다." 그런 다음에, 그들은 거기에서 주님께 경배하였다. 사무엘상 1:25-28, 새번역

한나의 기도

사무엘에 관하여 단순하지만 매우 중요한 진리를 한번 곰곰이 생각해 보자. 사무엘은 어머니의 기도 때문에 하나님을 섬겼다. 한나의 기도는 사무엘의 출생과 하나님을 섬기는 삶을 시작하는 데 있어서 핵심적인 요인이었다. 그런데 엘리의 집으로 사랑하는 아들을 떠나보냈을 때조차도 이러한 영향력은 여전히 멈추지 않았다. 사무엘상 2장 1~10절에 기록된 한나의 기다란 기도를 유심히 살펴보라.

한나가 기도로 아뢰었다.
"주님께서 나의 마음에 기쁨을 가득 채워 주셨습니다.
이제 나는 주님 앞에서 얼굴을 들 수 있습니다.
원수들 앞에서도 자랑스럽습니다.
주님께서 나를 구하셨으므로, 내 기쁨이 큽니다.
주님과 같으신 분은 없습니다.
주님처럼 거룩하신 분은 없습니다.
우리 하나님 같은 반석은 없습니다.

너희는 교만한 말을 늘어놓지 말아라.

오만한 말을 입 밖에 내지 말아라.

참으로 주님은 모든 것을 아시는 하나님이시며,

사람이 하는 일을 저울에 달아 보시는 분이시다.

용사들의 활은 꺾이나, 약한 사람들은 강해진다.

한때 넉넉하게 살던 자들은 먹고 살려고 품을 팔지만,

굶주리던 자들은 다시 굶주리지 않는다.

자식을 못 낳던 여인은 일곱이나 낳지만,

아들을 많이 둔 여인은 홀로 남는다.

주님은 사람을 죽이기도 하시고 살리기도 하시며,

스올로 내려가게도 하시고, 거기에서 다시 돌아오게도 하신다.

주님은 사람을 가난하게도 하시고, 부유하게도 하시고,

낮추기도 하시고, 높이기도 하신다.

가난한 사람을 티끌에서 일으키시며

궁핍한 사람을 거름더미에서 들어 올리셔서,

귀한 이들과 한자리에 앉게 하시며

영광스러운 자리를 차지하게 하신다.

이 세상을 떠받치고 있는 기초는 모두 주님의 것이다.

그분이 땅덩어리를 기초 위에 올려놓으셨다.

주님께서는 성도들의 발걸음을 지켜 주시며,

악인들을 어둠 속에서 멸망시키신다.

사람이 힘으로 이길 수가 없다.

주님께 맞서는 자들은 산산이 깨어질 것이다.

하늘에서 벼락으로 그들을 치실 것이다.

주님께서 땅 끝까지 심판하시고,

세우신 왕에게 힘을 주시며,

기름 부어 세우신 왕에게 승리를 안겨 주실 것이다." _{새번역}

기도 가르치기

이 기도를 살펴보면서 한 가지 질문이 머리에서 떠오른다. 도대체 어떻게 이 기도가 성경에 기록되었단 말인가? 사무엘서는 학자들에 의해 대체로 사무엘이 집필했다고 여겨지고 있으며, 한나의 기도 또한 사무엘이 기록했을 것이다. 그런데 아직 젖도 떼지 않은 아이가 도대체 어떻게 이렇게 긴 기도를 기억하고 있었단 말인가? 분명 사무엘은 어린아이였을 때 그 기도를 전부 기록해 두지 않았을 것이다. 오히려 한참 장성한 뒤에야 기록할 수 있었을 것이다.

좀 더 구체적으로 생각해 보자. 나는 성경이 영감에 의해 쓰인 것임을 확고하게 믿는다. 아무리 한나가 기도한 지 수십 년이 지났을지라도 성령님은 충분한 능력을 가지고 있기 때문에 사무엘에게 어머니의 기도 내용을 얼마든지 초자연적으로 계시할 수 있었을 것이다. 그러나 내가 가진 지식을 바탕으로 합리적으로 추론해 본다면 이와 같은 특별한 경우에 하나님이 사용하신 방법은 그게 아니었을 것이다. 한나는 자기 아들에게 평생 동안 잊지 않을 방법으로 이 기도를 가르쳐 주었다고 믿는다. 나는 아내 비키가 열 번째 자녀인 피터와 대화하는 모습을 보면서 어떻게 이것이 가능할 수 있는지를 확인하게 되었다.

어려서부터 새긴 기도문

피터가 여전히 아장아장 걸음마를 배우고 있었을 때였다. 아내가 잠자리에서 아이를 재우는 동안 피터는 엄마가 노래를 불러주는 걸 무척 좋아했다. 때로는 나 역시 피터에게 노래를 불러주곤 했다. 나는 이런저런 노래를 아무렇게나 불렀지만, 아내는 반복해서 한 노래만 계속 불렀기 때문에 오래지 않아 그 노래는 피터의 애창곡이 되었다. 피터는 이 노래를 "영~~~광"이라고 불렀다. 물론 1960년대 많이 불렸던 동일한 제목의 록음악은 아니다. 아내가 찬송가 125장 「천사들의 노래가」라는 찬양을 부르고 있으면 후렴에서 이 소절이 반복된다. 그래서 피터는 거기에 "영~~~광"이라는 후렴으로 음향 효과를 넣었다.

아내는 성탄절 무렵이면 이 노래를 부르기 시작해서 그 후로 몇 달 동안 계속해서 불렀다. 왜냐하면 피터가 이 노래를 너무나 좋아했기 때문이다. 그런데 시간이 지날수록 피터는 「글로리아」를 불러달라고 조르는 횟수가 잦아들었으며, 점점 이 노래를 듣지 않게 되었다.

이듬해 성탄절, 피터가 아직 채 3살이 되지 않았을 무렵 우리는 교회에서 찬송가 125장 「천사들의 노래가」를 함께 불렀다. 겨우 몇 곡의 노래 가사만 알고 있던 피터는 이전의 기억을 떠올려 이 찬송을 4절까지 완벽하게 부르는 게 아닌가! 아내가 지난 몇 달 동안 끊임없이 이 노래를 반복하여 불러줌으로써 꼬마 아이의 기억 속에 모든 가사를 또렷이 새겨 넣었던 것이다.

한나 역시 사무엘에게 기도를 가르쳤을 것이다. 한나는 아들을 엘리의 집으로 떠나보내야 할 때를 대비해 아들을 위하여 이 기도를 시작했다. 그 다음부터는 계속해서 이 기도를 반복하곤 했다. 흔히 어머니들이 자녀를 재울 때 아이들과 함께 날마다 되풀이하는 습관이 되어 잠자리에서 어떤 의식처럼 자리 잡는 것과 마찬가지였을 것이다. 다시 말해 아들 피터처럼 사무엘은 어머니 한나의 끊임없는 반복을 통해 기억 속에 이 기도를 또렷이 새겨놓았던 것이다.

기도문에는 어머니의 마음이 담겨 있다

또 다른 가능성은 자기 아들을 위하여 한나가 이 기도를 기록해서 건네주었을 것이라는 추론이다. 한나는 엘리의 집으로 사무엘을 떠나보내려고 할 때 이런 말을 했을 수 있다.

"사무엘아! 네가 엘리 제사장의 집에 있으면서 엄마가 보고 싶어질 때가 올 거야. 엄마는 날마다 너를 보고 싶어 할 거야. 네가 엄마를 보고 싶고 또 너에 대한 엄마의 마음을 알고 싶다면 너를 위하여 써 준 이 기도문을 찬찬히 읽어 보거라. 여기에는 너를 향한 엄마의 마음과 사랑이 고스란히 담겨 있단다."

한나가 어떤 방식으로 전달했든지 간에 사무엘의 생애 가운데 겪은 여러 사건들을 말년에 책으로 기록하면서 어려서 배웠던 한나의 기도문을 한 마디도 놓치지 않고 또렷이 기억하고 있었던 것이다.

응답 받은 기도의 힘

한나의 기도문에 포함된 몇 가지 사실들을 좀 더 면밀하게 살펴보자. 첫째, 이 기도문을 통해 사무엘은 자신이 기도의 응답으로 태어났다는 사실을 알게 되었다. 또한 하나님이 그 자신을 특별하게 창조하셨다는 사실도 확인했다. 그리고 어머니 한나는 사무엘의 출생으로 인해 크게 기뻐했다는 사실도 발견했다.

자기 어머니가 "오, 주님! 저에게 자식을 잉태하도록 허락

하심으로 저를 높여 주시니 감사합니다"라고 기도하는 소리
가 아이에게 미치는 영향을 한 번 생각해 보라. 사무엘은 이
와 같은 기도를 통해 하나님이 당신을 신뢰하는 사람들을 위
하여 싸우신다는 확신을 갖게 되었을 것이다. 자기 어머니의
기도 소리를 듣고 나서 하나님께서 그 기도에 응답하시는 것
을 목격한 아이에게 끼치게 될 일평생 동안의 영향력을 다시
금 생각해 보라.

우리 가족이 처음으로 홈스쿨링을 시작하던 1982년 9월,
아내 비키는 꼬마 딸아이 세 명과 함께 하나님께 아주 특별
한 기도를 드렸다. 아내는 이렇게 기도했다.

"하나님, 우리가 다른 사람들에게 복음을 나눌 수 있도록
우리 가족의 홈스쿨링을 사용하시길 간구합니다."

그런데 그날 점심식사 전에 현관 초인종이 울렸다. 여호와
의 증인 두 사람이 우리 가족에게 자신들의 교리를 간절히
설명하고 싶어 하는 모습으로 현관 앞에 서 있었다. 아내에게
는 다른 계획이 있었다. 비키는 그 사람들을 맞아들인 후 참
을성 있게 경청했다. 그리고 분명한 어조로 두 사람에게 복음
을 전했다.

우리 딸아이들은 이 모든 상황들을 일일이 지켜보고 있었
다. 엄마가 복음을 전할 기회를 달라고 기도했는데, 두 시간
도 채 지나지 않아 기도가 응답되는 광경을 고스란히 목격했

다. 만약 딸아이들이 학교를 다녔더라도 아마 집에 돌아왔을 때 하나님이 어떻게 엄마의 기도에 응답하셨는지를 간접적으로 전해 듣고서 매우 기뻐했을 것이다. 그러나 우리 아이들의 눈앞에서 생생하게 펼쳐진 하나님의 기도 응답을 직접 지켜봄으로써 세 자녀의 삶은 더욱 큰 영향을 받았음에 틀림없었다.

이 일로 말미암아 우리 부부는 자녀를 홈스쿨링으로 키우기로 결정한 데 대해 큰 위로를 받았다. 우리 가정이 믿음의 삶을 살기 위하여 노력하는 과정에서 자녀들과 함께 홈스쿨링을 결단한 바로 그 첫 날에 우리 아이들의 신앙 성장에 커다란 영향을 미칠 수 있는 사건을 생생하게 지켜보았기 때문이다. 실제로 자기 엄마의 기도에 대한 하나님의 응답을 목격한 아이들은 체험을 통해 더 빨리 영적 성장과 성숙의 길로 들어서게 된다.

어머니 기도의 영향력

어머니 한나의 기도는 사무엘의 어린 시절뿐만 아니라 성인기에도 커다란 영향을 미쳤다. 사역을 할 수 있는 충분한 나이가 되었을 때 하나님은 사울을 이스라엘의 첫 번째 왕으로 기름 붓도록 사무엘을 부르셨다. 사울에게 기름 붓기 위하여 길갈을 향해 걸어가던 사무엘이 어떤 생각을 했을지 상상해 보자. 아마도 자기 어머니의 기도문에 담긴 한 마디 한 마디가 사무엘의 가슴에 메아리쳤을 것이다.

> … 주님께 맞서는 자들은 산산이 깨어질 것이다.
> 하늘에서 벼락으로 그들을 치실 것이다.
> 주님께서 땅 끝까지 심판하시고,
> 세우신 왕에게 힘을 주시며,
> 기름 부어 세우신 왕에게 승리를 안겨 주실 것이다.

한나가 이런 말을 사용해 기도했을 당시 이스라엘에는 왕이 없었다. 이전까지는 어느 누구도 왕을 세우려는 목적으로 기름을 부은 적이 없었다. 하나님은 한나를 감동시키셨고, 자기 아들을 위해 이렇게 예언적으로 기도하게 하셨다. 이를 통해 하나님은 이스라엘의 운명에 커다란 영향을 끼치셨다. 사무엘 또한 어머니의 기도로 말미암은 영향력을 일평생 동안 경험했다. 물론 어머니 기도의 힘은 매우 놀라운 것이었고, 사무엘의 일생에 깊은 감동을 주었다.

이 책에서 굳이 어머니들에게 자녀를 위해 기도하라고 말할 필요는 없을 것이다. 그것은 마치 "숨 쉬는 법을 잘 기억하세요! 그건 정말 중요하거든요"라는 말과 마찬가지다. 어느 부모나 자녀를 위해 열심히 기도하기 마련이다. 게다가 자기 자신을 위한 것보다 더 많은 기도 제목으로 자녀를 위해 기꺼이 무릎을 꿇는다.

어머니들에게 강조하고 싶은 사실은 어머니의 기도가 자녀들의 생애 전반에 끼치게 될 영향력에 주목하라는 것이다. 자녀들이 어머니의 품에 머물러 있는 동안 그 아이들을 위해 기도하듯이 자녀의 장래를 하나님께 바치고 그분을 섬기는 일에 드릴 수 있도록 지속적으로 기도해야 한다. 하나님은 특별히 그러한 기도를 기뻐하고 응답하신다. 우리나라와 온 세상은 마치 사무엘처럼 의로움으로 지도할 수 있는 강력한 하나님의 사람들을 필요로 한다. 그런 지도자들이 일어나는 것은 얼마나 많은 어머니들이 자녀를 가슴에 품고 하나님의 사람으로 세워주시도록 주님께 애타게 간청하느냐에 달린 문제일 수 있다.

어머니 기도를 알게 하라

여기서 나는 어머니들에게 자녀들이 어머니의 기도를 분명히 알게 하라고 당부하고 싶다. 어머니들도 한나처럼 자녀를 위한 간절함이 있고, 또 중보 기도를 할 것이다. 그렇다면 시간을 투자해 자녀들을 위한 특별한 기도를 적은 다음, 이 기도문을 자녀들에게 건네주라. 자녀의 성경책 표지 안쪽에 붙여두면 좋다. 우리 자녀들에게 기도의 능력에 대해서는 아무리 강조해도 지나치지 않다. 왜냐하면 자녀들은 그들의 삶 가운데 하나님의 보이지 않는 손길을 느끼면서 깜짝 놀라는 순간이 분명 찾아올 것이기 때문이다.

'세상에! 이건 바로 우리 엄마가 오래 전부터 늘 기도하던 바로 그 내용이야!'

당신의 기도에는 어머니의 사랑과 자녀들을 향한 하늘 아버지의 더욱 큰 사랑이 담겨 있기 때문에 항상 능력을 발휘한다는 점을 잊지 말라.

요게벳, 보호하는 엄마의 힘

어머니는 자녀의 잠재력을 본다

아기 모세는 죽임을 당할 처지에 놓여 있었다. 그러나 어머니는 모세를 바라보면서 범상치 않은 아이임을 직감했다. 그 순간 아들을 죽음에서 건져내기 위해 자기 힘이 닿는 한 할 수 있는 최선을 다해 모든 노력을 기울이게 되었다.

물론 모든 어머니들은 자기 자녀가 범상치 않을 정도로 준수하다고 믿는다. 심지어 대다수 어머니들은 자기 아이가 완벽하다고 실제로 믿는다. 적어도 아이들이 십대가 될 때까지는 말이다.

종종 지역 행사장에서 축사를 하는 많은 정치인들이 미사여구로 가득한 사회자의 소개를 받은 뒤 단상에 서서 이런 농담을 늘어놓는다. "우리 부모님이 여기 계셔서 사회자의 소개를 들을 수 있었다면 얼마나 좋았을까요?" "우리 아버지가 저 소리를 들었다면 좋아하셨을 텐데, 우리 어머니도 역시 그렇게 믿고 계셨을 거예요."

"어머니들은 자기 아이들의 엄청난 미래를 투영하여 마치 모든 게 '아주 좋다'고 선언하는 듯이 언제나 그윽한 사랑의 눈길로 자녀들을 바라본다. 이것은 하나님이 허락하신 본능으로, 어머니라면 자녀에 대해 이렇게 느낄 수밖에 없다."

어머니들은 자기 아이들을 믿는다. 특히 자기 아이들의 미래에 대해서 좋은 것들은 더욱 굳게 믿는다. 우리 어머니 또한 나와 미래에 대해 이상하리만치 근거 없는 낙관주의를 가지고 계셨고, 그것이 나로 하여금 다른 사람들이 위험하다고 생각하는 새로운 길로 아무 거리낌 없이 나아가도록 커다란 영향을 끼쳤다.

보호 본능은 하나님으로부터 온 것이다

여기에 중요한 진실이 숨겨져 있는데, 요게벳이 모세를 위해 취한 조치가 있다. 어머니들은 자기 아이들의 엄청난 미래를 투영하여 마치 모든 게 '아주 좋다*tov*'고 선언하는 듯이 언제나 그윽한 사랑의 눈길로 자녀들을 바라본다. 이것은 하나님이 허락하신 본능으로, 어머니라면 자녀에 대해 이렇게 느낄 수밖에 없다. 또한 하나님이 허락하신 본능을 충족시키기 위해 자녀들을 보호하려는 욕구를 가지고 있다. 왜냐하면 겉으로 보기에는 무력하기 그지없는 꼬마아이에게 내재된 엄청난 잠재력을 확실하게 알아보기 때문이다. 어머니는 자신의 보호 없이는 자녀가 잠재력을 마음껏 펼칠 수 없다는 사실을 본능적으로 알고 있다.

많은 그리스도인 어머니들은 종종 자녀들을 지나치게 보호하려고 한다는 비난을 받기도 한다. 물론 이런 비판은 한편으로 홈스쿨링 어머니들을 겨냥한 것이기도 하다. 그러나 어머니들이여, 이런 식으로 공격하는 사람들의 먹잇감이 되도록 내버려두지 말라. 당신의 보호 본능은 하나님으로부터 온 것이다.

우리 자녀를 보호해야 할 이유

아주 소수이긴 해도 몇몇 사람들은 특정한 형태의 꽉 막힌 자녀 양육 방식을 고집하기도 한다. 개인적으로는 극단적으로 치우쳤다고 생각한다. 이런 사람들은 어린 아이들의 마음에는 어리석음으로 가득 차 있다고 말한다잠언 22:15. 물론 이

해가 되는 말이다. 그런데 어떤 어리석음이라도 아이들에게 들어오지 못하도록 막기 위해서 급기야 부모들이 자녀들의 뒤를 졸졸 따라다니면서 다른 아이들과 절대로 놀지 못하도록 해야 한다고 말하기도 한다.

이런 기준이라면 아마 자녀들이 형제자매들과도 함께 놀 수 없을 것이다. 만약 당신이 부모의 통제가 없는 상태에서 어리석음에 노출되지 않도록 자기 자녀들을 보호하고 싶다면 단 5분이라도 자녀들을 자기들끼리만 있도록 가만 내버려 두면 안 되는 것이다. 물론 이런 식의 사고방식을 가진 사람은 거의 없을 것이다. 대부분 홈스쿨링 가정들은 자녀 양육에 대해 훨씬 현실적으로 이해하고 있기는 하지만, 주변 사람들보다 자녀에 대해 훨씬 더 보호적인 태도를 드러내는 것은 부인할 수 없는 사실이다.

여러 연구 보고서에 따르면, 홈스쿨 자녀 가운데 98퍼센트가 일주일에 두세 번 이상 외부 활동에 참여한다고 한다. 이를 테면, 스카우트 활동, 스포츠, 발레 또는 교회 주일학교 활동 등이다. 그러나 대다수 홈스쿨링 가정들의 보호적인 태도를 반영하는 2가지 통계를 한 번 살펴보라. 공립학교 아이들 가운데 62퍼센트는 날마다 두세 시간 이상 텔레비전을 시청한다. 반면 홈스쿨링으로 자라는 아이들 가운데 94퍼센트는 매일 세 시간 이하로 텔레비전을 시청한다.

물론 텔레비전에서 보여주는 선하지 못한 것들로부터 자녀들을 보호하려는 데에는 충분히 그럴 만한 이유가 있다. 반복적으로 하나님의 이름을 헛되이 일컫는 소리를 듣는 아이들은 하나님을 높이고 존경하는 마음을 유지하기가 쉽지 않다. 경건치 못한 것과 속된 것들로부터 우리 자녀들을 보호해야 할 이유가 있다.

텔레비전이나 영화 또는 잡지에서 성적 부도덕함을 자주 목격한 자녀들이 성과 관련된 영역에서 하나님의 기준을 지켜내기란 쉽지 않다. 어머니들이여, 이러한 불법 행위들로부터 우리 자녀들을 보호하자.

자녀를 지켜낸다는 것

1980년 초반에 '미국을 걱정하는 여성들Concerned Women for America'의 법률고문으로서 사무총장 역을 맡고 있었을 때 나는 베티 베이티Betty Batey라는 여성을 변호한 적이 있다. 베티는 프랭크라는 남자와 결혼했다. 둘 다 교회에서 적극적으로 활동하면서 만났다. 두 사람에게 브라이언이라는 아들이 태어났다. 그런데 브라이언이 태어난 지 얼마 되지 않았을 때 베티는 프랭크에게 이전부터 동성애 습관이 있었으며, 현재도 동성애에 빠져 있다는 사실을 알았다. 베티가 이 문제에 대해 프랭크를 다그쳤고, 프랭크는 베티와 이혼을 결정했다.

이후 법정에서 가정법원 판사가 베티에게 양육권을 허락하는 판결을 내린 것은 그리 놀랄 만한 일이 아니었다. 프랭크에게는 방문권을 허락해 주었다.

브라이언이 8~9세 되었을 무렵, 아들은 더 이상 아버지를 보고 싶어 하지 않았다. 물론 브라이언이 신체적 폭행이나 성추행을 당했다는 아무런 증거는 없지만, 아버지 집에서 지나칠 정도로 행해지던 신앙적이지 못한 행동들이 베티에게도 불편하게 느껴지던 때였다. 그래서 베티는 브라이언이 프랭크를 방문하는 것에 대해 금지한 건 아니지만, 그렇다고 적극적으로 권유하지도 않았다. 그런데 샌디에이고 가정법원 판사들은 베티의 이런 태도를 인정하지 않았다. 베티는 브라이언이 아빠를 방문하도록 보내지 않고 무시한다는 이유로 법정으로 계속 불려나가게 되었다.

그리고 예기치 않은 판결이 내려졌다. 베티가 브라이언을 보내지 않는다면 프랭크에게 양육권을 넘기도록 하겠다는 결정이었다. 그러고는 실제로 그렇게 판결해 버렸다. 당시 베티의 심정이 어땠을지는 충분히 상상할 수 있을 것이다.

이전과 달리 이제 아들의 양육권은 프랭크가 갖게 되었고, 베티는 처음으로 일주일 동안 방문권을 얻었다. 그런데 베티가 아들 브라이언과 함께 '방문권'을 지나칠 정도로 과감하게 행사한 것이 문제의 발단이 되었다. 베티는 차에 짐을 잔

뜩 싣고 캘리포니아를 떠나 텍사스 시골로 향했다. 거기서 베티와 브라이언은 프랭크의 신앙적이지 못한 삶의 방식을 벗어나 18개월 동안 함께 아주 멋진 시간을 보냈다. 얼마 후 베티는 연방수사국 FBI가 자신을 추적하고 있다는 소문을 들었다. 헛소문이긴 했지만, 베티는 극심한 공포에 시달리게 되었다. 그로 말미암아 다시 콜로라도로 갔다가 덴버에서 여행을 마치게 되었다. 거기서 베티는 자신이 속한 교단의 한 대형 교회 목사로부터 자수하라는 권고를 받았다. 물론 베티는 그 즉시로 감옥에 갇혔다. 내가 베티를 만난 곳이 바로 거기다. 덴버의 감옥 말이다.

베티는 캘리포니아에서 '양육권 침해'로 알려진 일종의 납치 행위를 저지른 혐의로 고소를 당했다. 재판을 앞둔 베티가 캘리포니아로 가지 않도록 막을 현실적인 방법은 아무것도 없었다. 이 소송을 맡은 우리 변호인단은 베티를 캘리포니아로 돌려보내는 데 동의했고, 이제 그 고소 건에 대해 직접적으로 부딪혀야만 했다.

부모 두 당사자 사이에 벌어진 민사 사건 하나로 말미암아 제기된 소송에는 복잡다단한 면이 있었다. 이 재판에서 나는 어린아이들을 성에 미성숙하게 노출시켰을 때 나타나는 결과를 검증하기 위해 유대인 소아정신과 의사를 불렀다. 헌데 이 의사가 법정에서 진술한 내용을 결코 잊지 못한다.

소아정신과 의사의 전문적인 소견에 따르면, 어린아이가 동성애의 유혹을 받은 경우 미성숙하지만 의미심장한 노출을 당했기 때문에 성에 대해 왜곡된 사고를 발전시킬 수 있다는 것이다. 이런 현상은 성추행을 당하거나 포르노를 보거나 심지어 너무 이른 시기에 겪은 노골적인 성교육 때문에 생겨날 수도 있다고 했다. 이 가운데 어느 하나를 경험했다고 해서 모든 아이들이 동성애자가 되는 것은 아니지만, 모든 동성애 남성들은 성장 과정에서 어떤 형태로든 이와 같은 노출을 경험했다고 진술했다. 마치 모든 흡연자가 폐암에 걸리는 건 아니지만, 흡연은 폐암을 유발한다고 말하는 것이나 마찬가지다.

베티는 이런 연구들에 대해 알지 못했지만, 모성애를 발동하여 아들이 동성애에 노출되지 않도록 보호하고 싶었다. 베티의 소송 사건이 진행됨에 따라 다양한 결과들이 있었지만, 이 재판은 가장 적절한 결과가 나왔다.

나는 최종 변론의 기회가 왔을 때 소송 사건을 기각시키기 위해 바쁘게 움직였다. 왜냐하면 베티가 아들을 데리고 캘리포니아를 떠나 텍사스로 갔을 때에는 아무런 범죄 의도를 갖고 있지 않았기 때문이다. 모든 사람들의 예상을 뒤엎고 이 소송을 맡은 판사는 베티의 유일한 바람이 자기 아들을 지키는 것이었다는 말에 전적으로 동의했다. 그리고 거기에는 범죄 의도가 전혀 없었다는 말에도 동의하였다. 최종적으로 이 소송 사건은 기각되었다.

어머니들에게 당부하고 싶은 것은, 어느 누구도 당신에게 '대세를 거스르지 말고 따라야 한다'고 말하도록 내버려 두지 말라는 점이다. 그것은 포도나무를 망치는 자그만 여우에 지나지 않는다. 세상을 꽉 움켜쥐고 있는 거대하고 엄청난 문화의 타락은 수없이 많은 자녀들을 도덕성 영역에서 넘어지게 만들고 있다. 세상에서 자신 있고 당당하게 살아가야 할 우리 자녀들이 타락한 문화의 풍조로 말미암아 쉽게 넘어지지 않도록 지켜내야 한다.

세속 문화 속에서 우리 아이 지키기

자녀들이 함께 어울리는 친구들에 대해서도 주의를 기울여야 한다. 어느 누구도 완전하지 않으며, 자녀들로 하여금 불신자들과 어울리지 못하게 하는 것은 불가능하기도 하지만 바람직하지 못한 태도이다. 그러나 어떤 놀이 상대는 곧잘 신앙적이지 않거나 악한 성향을 드러내기 때문에 받아들이기 힘들다.

요게벳은 아들 모세를 보호하기 위해 마땅히 해야 할 일을 감당하기에는 매우 어려운 처지였다. 그것은 어머니 베티 베이티에게도 마찬가지였다. 물론 어머니들 가운데 이렇게 극

단적인 상황에 처한 경우는 드물 것이다. 그럼에도 우리 모두
는 분명 극단적으로 타락한 문화에 직면해 있다. 아무리 주변
에서는 '대세'라는 명분 아래 세속 문화와 세계관을 너무 쉽
게 받아들이고 극단적 상황으로 치닫는다 해도 우리는 자녀
들이 찬란한 미래를 열어갈 멋진 아이라는 사실을 믿고 보호
하는 가운데 담대히 헤쳐 나가야 할 것이다.

유니게, 가르치는 엄마의 힘

자기 아이들을 가르치는 어머니

디모데는 자기 어머니 유니게의 가르침을 따라 하나님에
대해 배웠고, 그리스도를 믿는 믿음을 발전시켰다.

> 이는 네 속에 거짓이 없는 믿음이 있음을 생각함이라. 이 믿음은
> 먼저 네 외조모 로이스와 네 어머니 유니게 속에 있더니 네 속에
> 도 있는 줄을 확신하노라 디모데후서 1:5

성경에서는 어머니들에게 자녀를 가르치라고 특별하게 명
령하지 않는다. 오히려 에베소서 6장 4절을 보면 아버지들에
게 자녀를 가르치라고 명령하고 있다.

이고 갈 길이 아주 멀어 보이지만 충분히 노력을 기울일 만한 가치가 있다고 누군가 확신을 불어넣어주기만 하면 어머니들은 기꺼이 힘을 다해 뛰어갈 준비가 되어 있을 것이다.

만약 이 책을 펴든 어머니에게 홈스쿨링의 세부적인 노하우를 시시콜콜하게 알려 주기를 바란다면 아마도 이 책은 해답이 아닐 수 있다. 그렇다고 이 책이 어머니들에게 죄책감을 심어 주지도 않을 것이다. 홈스쿨링을 위한 어떤 체크리스트나 준비 항목을 제시하지도 않을 것이다. 또 홈스쿨링을 잘하기 위한 공식이나 노하우를 담은 양식 같은 것도 없다. 다만 당신이 이 책을 통해 힘을 얻고 격려를 받아 계속해서 앞으로 나아갈 힘을 얻기 원한다면 바로 이 책이 해답이다. 나는 홈스쿨링 어머니들이 일상생활이라는 현실 속에서 당신의 하나님을 만나게 되기를 갈망한다.

당신은 지금 엄청나게 중요한 일을 하고 있다. 그것이 그만큼 힘들다는 사실도 잘 알고 있다. 그러나 당신과 자녀들, 국가와 하나님 나라에 대한 보상은 매우 실질적으로 모습을 드러내게 될 것이다. ✤

는 홈스쿨법률보호협회Home School Legal Defense Association의 설립자이자 보수적 복음주의를 지향하는 최초의 홈스쿨 대학 과정인 패트릭 헨리 대학Patrick Henry College의 총장을 맡기도 했다. 그 가운데 내가 보았던 커다란 그림을 당신에게도 제시해 주고 싶다. 당신은 어머니로서 자녀들을 가르치면서, 또 우리나라를 포함한 자유민주주의 국가들에서 자유를 사랑하는 성숙한 시민으로 살아가도록 들판에 씨앗을 뿌리고 있는 중이다. 만약 자유의 원리를 믿지 않는다면 계속해서 그 자유를 누리기 힘들 것이다.

나는 낙심하지 말고 씨앗을 뿌리는 사역을 지속할 수 있도록 홈스쿨 어머니들을 격려하고자 한다. 그럼에도 내가 조금이라도 진실과 동떨어진 터무니없는 이야기를 늘어놓게 된다면 당신은 이 책을 통해 전혀 격려를 받지 못할 수도 있을 것이다. 그 진실이란 홈스쿨링이 힘겨운 작업이라는 사실이다. 하지만 이보다 더 생생하고 커다란 진실은 엄청난 보상이 따르게 된다는 사실이다.

홈스쿨 어머니들에게 꼭 필요한 것

자, 이제 어머니들이 관심을 기울이는 쟁점들을 함께 살펴보자. 더욱 커다란 안목을 가지고 우리 앞에 놓여 있는 보상들을 분명히 바라보도록 하자. 홈스쿨링이 두렵고 막막해 보

또 아비들아 너희 자녀를 노엽게 하지 말고 오직 주의 교훈과 훈계로 양육하라

신명기 6장 1~9절에서는 부모들에게 하나님을 사랑하도록 자녀를 가르치라고 명령한다.

이는 곧 너희의 하나님 여호와께서 너희에게 가르치라고 명하신 명령과 규례와 법도라 너희가 건너가서 차지할 땅에서 행할 것이니, 곧 너와 네 아들과 네 손자들이 평생에 네 하나님 여호와를 경외하며 내가 너희에게 명한 그 모든 규례와 명령을 지키게 하기 위한 것이며 또 네 날을 장구하게 하기 위한 것이라 이스라엘아, 듣고 삼가 그것을 행하라 그리하면 네가 복을 받고 네 조상들의 하나님 여호와께서 네게 허락하심 같이 젖과 꿀이 흐르는 땅에서 네가 크게 번성하리라 이스라엘아, 들으라 우리 하나님 여호와는 오직 유일한 여호와이시니 너는 마음을 다하고 뜻을 다하고 힘을 다하여 네 하나님 여호와를 사랑하라 오늘 내가 네게 명하는 이 말씀을 너는 마음에 새기고 네 자녀에게 부지런히 가르치며 집에 앉았을 때에든지 길을 갈 때에든지 누워 있을 때에든지 일어날 때에든지 이 말씀을 강론할 것이며 너는 또 그것을 네 손목에 매어 기호를 삼으며 네 미간에 붙여 표로 삼고 또 네 집 문설주와 바깥문에 기록할지니라

그런데 여기서도 어머니들에게는 자녀를 가르치라고 특별하게 지목하여 명령한 곳이 한 군데도 없다. 잠언 6장 20~21절에 기록되어 있는 것처럼 성경에서는 당연히 어머니들이 자기 아이들을 가르칠 것이라고 간접적으로 말하고 있다.

아이들아, 아버지의 명령을 지키고, 어머니의 가르침을 저버리지 말아라. 그것을 항상 네 마음에 간직하며, 네 목에 걸고 다녀라.

잠언 6:20-21, 새번역

모든 어머니들은 자녀를 가르친다. 그 중에서 홈스쿨 어머니들은 자녀를 가르치는 데 있어서 매우 적극적으로 역할을 감당한다. 그런데 자녀들에게 가르쳐야 할 가장 중요한 것이 학문이 아니라는 사실을 기억할 필요가 있다. 학문도 물론 중요하다. 그럼에도 가장 중요한 건 아니다.

어머니들은 예의범절을 가르치는 가장 좋은 선생님이다. 그에 비해 아버지들은 대개 예의범절에서 부족함을 보인다. 정중함이나 질서정연함 같은 가치가 중요하긴 하지만, 이것이 어머니로부터 배워야 할 가장 중요한 것은 아니다. 또 엄마의 지혜가 훌륭하긴 하지만, 이것이 가장 중요한 것도 아니다. "딱지 억지로 떼지 마라. 시원함은 잠깐이지만 흉터는 영원한 거야"라거나 "탄산 음료가 맛있다고 계속 마시다간 할 아버지처럼 틀니 신세 못 면한다" 같은 말처럼. 엄마의 실제적인 충고에는 유익이 많겠지만, 그것이 자녀들에게 가르쳐야 할 가장 중요한 내용은 아니다.

자녀들에게 반드시 가르쳐야 할 것

또한 자녀들에게 하나님에 대해 가르치는 것마저도 가장 중요한 일은 아니다. 필자가 무슨 말을 하는지 아마도 깜짝 놀랐을 것이다. 조심스럽게 차분히 이야기를 들어 보면 오해 없이 무슨 말을 하는지 알게 될 것이다. 곧 하나님에 대해 가르치는 것도 중요하기는 하지만, 부모로서 당신이 자녀들에게 가르쳐야 할 가장 중요한 것은 '하나님을 믿도록 하는 것'이다.

아내 비키와 함께 신명기 6장의 말씀을 묵상하는 가운데 우리 자녀들을 홈스쿨링으로 키우는 것이 하나님의 뜻임을 확신하게 되었다. 이것이 바로 신명기 6장 1~9절을 통해 우리 부부가 우리 가정에 대해 찾아낸 통찰이다. 지금 독자들에게 이렇게 설명하기는 하지만, 결국 당신이 스스로 자기 결론을 내릴 수 있도록 권면한다.

엄밀히 말해 성경이 나에게 "너희는 집에서 자녀들에게 역사와 수학을 가르치도록 하라"고 이렇게 직접적으로 말한 것은 아니다. 그렇다고 우리가 신명기 6장에서 던져 주는 함축적인 의미들을 대수롭게 여겨서는 안 된다고 생각한다.

어떻게 가르칠 것인가?

예수님은 신명기 6장에서 '하나님을 사랑하라'고 선포된 이 명령이 모든 성경 말씀 가운데 가장 중요한 명령이라고 우리에게 말씀하셨다. 그리고 이 명령이 세대와 세대를 걸쳐서 실현되어야 한다는 점에 대해 깊은 관심을 두고 계셨다. 이 명령에서는 부모들을 향해 자녀들이 하나님을 사랑하도록 가르치라고 권하고 있다. 또한 하나님은 우리가 어떻게 가르쳐야 할지에 대해서도 구체적으로 말씀해 주신다. 우리는 "이 말씀을 마음에 새기고, 자녀들에게 부지런히 가르치고, 집에 앉아 있을 때나 길을 갈 때나, 누워 있을 때나 일어날 때나 언제든지 가르치면서" 이러한 명령을 수행해야 한다.

"하나님을 믿는 어머니의 믿음은 실질적인 가르침을 통해 생생하게 전수될 수 있다. 마찬가지로 당신의 믿음 또한 자녀에게 살아 있는 가르침을 통하여 전수될 수 있다. 이 믿음은 주로 당신의 행실을 통하여 전달될 것이다."

이처럼 부모인 우리가 직접 믿음의 삶을 살아가고 자녀들로 하여금 우리를 지켜보고 경청하게 함으로써 일상의 모든 과정을 통해 하나님을 사랑하도록 자녀들을 가르쳐야 한다. 이것이 바로 하나님이 우리에게 정해 주신 가르침의 방식이며, 부모를 향한 하나님의 가장 중요한 명령에 순종하는 방법이다. 곧 하나님을 사랑하도록 자녀들을 가르치는 가장 효과적인 방법이다.

만약 자녀들이 하루 중 가장 중요한 시간을 부모와 떨어져 학교라는 제도에서 배운다고 생각해 보라. 도대체 우리가 어떻게 하나님의 방법을 사용하고 그분을 사랑할 수 있도록 자녀들을 가르칠 수 있겠는가? 학문적인 가르침의 영역을 집안으로 가져오는 것은 하나님을 사랑하는 법을 매 시간마다 가르치기 위한 훨씬 더 쉬운 방법이다.

살아 있는 가르침

유니게가 아들 디모데에게 어떤 과목을 가르쳤는지 우리는 전혀 알지 못한다. 다만 디모데의 할머니 로이스와 어머니 유니게에게는 믿음이 생생하게 살아 있었음이 분명하다. 그리고 이렇게 살아 있는 믿음은 디모데에게 그대로 전달되었다. 하나님을 믿는 어머니의 믿음은 실질적인 가르침을 통해 생생하게 전수될 수 있다. 마찬가지로 당신의 믿음 또한 자녀에게 살아 있는 가르침을 통하여 전수될 수 있다. 이 믿음은 주로 당신의 행실을 통하여 전달될 것이다.

자녀들과 함께 온종일 시간을 보내는 것이 하나님의 방법일지 모르지만, 그렇다면 자녀들에게 도대체 어떤 내용을 가르쳐야 한단 말인가? 어머니들이여, 자녀들이 하나님을 믿기 원한다면 날마다 믿음 안에서 살아가도록 하라. 당신은 매사에 불평이 많은가? 주변 환경에 대해 늘 불평을 늘어놓는 어머니는 아이들에게 하나님이 필요를 채우기에 적절치 않은 분이라고 가르치는 셈이다. 반대로 삶에 대해 긍정적인 세계관을 가진 어머니는 자녀들에게 그와 같은 신앙을 가르쳐 주는 것과 같다.

당신은 혹시 남편의 권위에 대해 불만이 있거나 불쾌하게 여겨지는가? 자기 삶에서 권위자들에게 짜증을 내는 어머니는 자녀들에게 하나님의 권위에 대해 불만이 있거나 불쾌하게 여긴다고 가르치는 것이다. 반대로 남편과 함께 행복하게 살아가는 어머니는 자녀들에게 어머니의 신앙을 전수받도록 삶으로 가르치는 것이다.

말과 행동으로 가르침

몇 해 전 여름에 아내와 나는 두 자녀를 데리고 캐나다에서 비행기를 타고 집으로 돌아오고 있었다. 우리 뒷좌석에 앉은 두 어머니는 각각 두 명의 자녀를 데리고 있었다. 두 사람은 서로 말을 트고 대화하기 시작하는데, 어찌나 큰 소리로 이야기하는지 어쩔 수 없이 모든 이야기를 들어야만 했다. 두 사람은 서로 휴가 이야기를 나누다가 한 어머니가 큰 소리로 이렇게 말했다.

"진짜 휴가가 뭔지 아세요? 그건 이 아이들로부터 벗어나는 거예요."

그 엄마의 아이들이 바로 옆에 앉아서 다 듣고 있는데도 말이다!

단지 그와 같은 생각을 품고 있다고 해서 그 어머니를 비난하는 게 아니다. 또 그런 생각을 친구나 다른 사람들과 나눈다고 해서 누군가를 욕하는 것도 아니다. 물론 남편이나 아내가 자녀들과 떨어져서 일정한 시간을 보내는 것은 매우 좋은 생각이라고 본다. 그러나 자녀들 앞에서 아주 냉소적인 태도로 그런 이야기를 공공연히 하는 것은 전혀 받아들일 수 없는 자세다.

어떤 말은 아무리 화가 난다고 해도 결코 입 밖으로 꺼내서는 안 되는 게 있다. 이런 종류의 말은 수치스런 공격의 본보기이기 때문이다.

"넌 이 세상에 절대로 태어나지 말았어야 했어!"

이런 말을 들은 자녀들은 지금까지 무조건적으로 자신을 사랑하시는 하나님에 대해 배웠다고 해도 그분을 믿는다는 것이 매우 어려운 일이다. 물론 자녀들이 죄를 지었을 경우에는 단호하게 이야기하는 것도 필요하다. 그래도 바로 그 아이

들의 존재에 대해서는 절대로, 절대로, 절대로 나쁘게 이야기
하면 안 된다. 왜냐하면 이는 자녀들로 하여금 당신의 믿음을
받아들이지 못하도록 대못을 박는 것과 마찬가지이기 때문
이다.

자녀들은 어머니나 아버지로부터 배우게 되는데, 당신이
섬기는 그 하나님을 믿는 법 또한 자녀들이 배우지 않겠는
가? 당신이 자녀들에게 말과 행동으로 가르치는 것은 결국
그 자녀의 신앙에 강력하고 결정적인 영향력을 끼치게 될 것
이다.

자신보다 자녀들을 더 높이는 어머니의 힘

많은 그리스도인들이 다음 성경 구절을 암송하길 매우 좋
아한다.

모든 성경은 하나님의 감동으로 된 것으로 교훈과 책망과 바르
게 함과 의로 교육하기에 유익하니 이는 하나님의 사람으로 온
전하게 하며 모든 선한 일을 행할 능력을 갖추게 하려 함이라디모
데후서 3:16-17

그런데 성경을 이해하는 데에는 많은 지혜와 통찰이 필요함에도 불구하고 우리는 대개 성경 구절의 전체적인 맥락은 무시하기 일쑤다. 예를 들어, 예수님의 족보를 읽으면서 어떤 심오한 지혜를 찾으려고 하지는 않는다. 그럼에도 그리스도인 여성들에게 필요한 가장 중요한 교훈 가운데 하나를 마태복음에 나와 있는 예수님의 족보에서도 찾을 수 있다마태복음 1:2~16.

비록 유대인들의 족보에서는 여성을 거의 언급하지 않았지만, 마태는 예수 그리스도의 조상들 사이에 여성을 네 명이나 열거하고 있다. 그런데 이 네 명의 여성 모두 제각각 약점을 가지고 있음에도 불구하고 모든 선조 여성들 가운데서도 예수 그리스도의 족보에 당당히 기록될 수 있다는 사실에 깜짝 놀라게 된다.

어머니 다말

창세기 38장에 기록되어 있는 다말의 이야기는 슬픔 속에서 시작된다. 다말은 유다의 장자인 엘과 결혼했다. 그러나 하나님은 엘의 사악함을 인하여 엘을 죽이게 된다. 남편을 갑자기 잃은 다말은 자기 인생에서 결혼이 그다지 유쾌하지 않았음이 분명하다.

이 경우 유대인의 율법에서 요구하는 것처럼 다말은 엘의 동생 오난과 결혼하도록 되어 있었다. 또 오난은 다말과 사이에서 아이를 낳아 죽은 형에 대한 의무를 다해야만 했다. 오난은 기꺼이 다말과 관계를 맺기는 했지만, 성경에는 이렇게 기록되어 있다.

> 그러나 오난은 아들을 낳아도 그가 자기 아들이 안 되는 것을 알고 있었으므로, 형수와 동침할 때마다, 형의 이름을 이을 아들을 낳지 않으려고, 정액을 땅바닥에 쏟아 버리곤 하였다 창세기 38:9, 새번역

그래서 다말은 임신할 수 없었다. 하나님은 오난의 이런 악함을 인하여 죽게 하셨다. 연이은 형제의 죽음으로 인해 다말의 인생은 계속 혼란과 슬픔 가운데 빠져 있었다. 마침내 유다는 자기 아들 셀라가 장성하자 다말에게 주기로 약속했다. 그러나 셀라가 이미 다 컸음에도 불구하고 유다는 계속 약속을 지키지 않았다.

결국 다말은 아이를 갖고 싶다는 소원을 스스로 이루고자 했다. 마치 창녀인 것처럼 꾸며서 시아버지를 유혹한 후 자신과 관계를 맺도록 한 것이다. 그것이 바로 다말이 예수 그리스도의 조상을 임신한 방법이었다. 하나님이 마태에게 영감을 불어넣으셔서 그분의 아들에 관한 족보에 콕 집어서 특별

히 언급한 이야기가 바로 다말의 절망적이고 복합적인 죄로 가득 찬 이야기였던 것이다.

어머니 라합

이방인 기생이 교회학교에서 어린이들이 가장 흔하게 듣게 되는 성경 인물 이야기 중 하나라는 사실은 놀라운 일이다. 그런데 대부분 하나님의 사람들을 도울 기회가 왔을 때 첩보 스릴러 영화에서나 나올 법한 솜씨로 문제를 해결해 낸 라합으로만 묘사한다. 라합은 이스라엘의 여호와를 유일하신 참 하나님으로 믿었으며, 이 믿음을 따라 행동했다. 이것이 바로 히브리서 11장에 나오는 믿음의 영웅들 가운데 라합이 소개되는 이유이기도 하다.

라합은 살몬과 결혼했는데, 일부 주석가들에 따르면 살몬은 라합이 보호해 주던 이스라엘의 첩자 가운데 하나로 알려져 있다. 이 결혼을 통하여 라합은 보아스의 어머니가 되었으며, 보아스는 나중에 룻과 결혼하게 된다. 정리해 보면 한낱 기생이었던 라합이 '경건함, 정절, 너그러움의 전형'으로 알려진 보아스의 어머니가 된 것이다.

라합의 과거는 이제 한참 지난 이야기가 되었다. 라합은 자기 인생이 완전히 탈바꿈되었음을 깨달았을 뿐 아니라 유일하신 하나님에 대한 믿음 때문에 옛 생활방식보다는 새로운 삶을 살면서 자녀를 키우게 되었다. 라합은 인생에서 가장 강력한 변화를 경험했고, 그로 인해 자녀들의 미래도 선한 방향으로 나아가도록 영향을 주었다.

어머니 룻

분명 어떤 유대인 남자도 룻과는 결혼하려고 하지 않았을 것이다. 유대인들은 조상 이삭이 야곱에게 명한 대로 가나안 사람의 딸들 가운데에서 아내를 맞이할 수 없었다. 모압 출신 여인과는 결혼이 금지되어 있었다_{창세기 28:1}. 그럼에도 두 유대인 남자가 룻과 결혼한 것이다.

일찍 결혼했던 모압 여인 룻의 인생은 남편의 사별과 함께 슬픔으로 변해 버렸다. 시어머니 나오미의 쓰라린 인생에도 불구하고 룻은 "어머니의 백성이 나의 백성이 되고 어머니의 하나님이 나의 하나님이 되시리니"라고 결단하면서 나오미를 따라 이스라엘로 왔다. 룻은 이후 타작마당에서 죄를 지을 가능성이 다분한 사건을 겪게 되었다. 그러나 오히려 보아스의 아내로 선택 받게 되고, 룻과 보아스 둘 다 순결을 지켜 행동했다. 남편과 사별한 나오미, 시어머니처럼 남편과 사별했던 룻은 험난한 인생을 살 수밖에 없었지만, 이스라엘로 돌아와 훌륭한 믿음으로 살았기에 이방 여인임에도 하나님의 아들로 이어지는 족보에 당당히 기록되었다.

어머니 밧세바

그리스도의 족보에 등장하는 마지막 네 번째 여인은 밧세바다. 밧세바는 우리아의 아내였을 때 왕인 다윗과 간음한 것으로 유명하다. 이 죄에 대한 영적 책임은 다윗에게 돌려졌다. 그러나 밧세바가 억지로 성추행을 당한 게 아니다. 밧세바 또한 다윗 왕과 함께 기꺼이 간음을 저지른 것으로 드러났다. 밧세바도 죄를 지었다고 말할 수 있다. 밧세바는 지혜롭지 못한 선택을 한 것이다. 그럼에도 밧세바는 이 세상에 살았던 사람들 가운데 가장 지혜로웠던 솔로몬의 어머니가 되었다.

어머니들을 위한 교훈

어떤 삶을 살았든 당신은 어머니다

이처럼 네 여인은 하나님의 아들에게까지 이어지는 계보에 이름을 올린 할머니의 할머니들이다. 결혼이 금지된 가나안의 이방 여인, 소위 창녀라고 할 수 있는 두 여인, 간음한 여인이 그 사람들이다. 그런데 이 여인들의 아들 가운데 보아스와 솔로몬은 오직 자신의 힘으로 독보적인 위치를 차지하기도 했다.

오늘 이 땅을 살아가는 수많은 어머니들은 자기 인생 가운데 특정의 시기를 다시 되돌릴 수 있다면 얼마나 좋을까 하고 생각할 수 있다. 아마도 십대 시절일 수도 있고, 20대의 청춘일 수도 있다. 어쩌면 30대 시절의 신혼 때일 수도 있다.

그때가 언제이든 꼭 기억해야 할 사실이 있다.

□ 시아버지와 함께 타락의 나락으로 떨어졌던 다말은 그리스도의 혈통에 속하게 되었다.

□ 기생 라합도 보아스의 어머니이자 그리스도의 혈통에 속하게 되었다.

□ 이방 여인 룻도 그리스도의 혈통에 속하게 되었다.

□ 간음한 여인 밧세바도 그리스도의 혈통에 속하게 되었다.

예수님을 구세주로 받아들이기로 했다면 당신이 어떤 위치에서 시작했든 상관없이 하나님의 자녀인 것이다. 사실상 당신도 그리스도의 혈통에 속해 있다. 당신의 삶도 변화될 수 있을 뿐만 아니라 자녀들 역시 당신이 거쳐 온 쓰라린 경험들을 피해갈 수 있다. 하나님의 능력으로 말미암아 당신의 자녀들도 얼마든지 일어설 수 있고, 더 크게 성장할 수 있으며, 영적으로 성숙한 곳에 다다를 수도 있다. 비록 자녀들의 어머니인 당신이 별 볼일 없는 배경에 보잘것없는 인생을 살아왔다고 해도 말이다.

복음의 핵심 진리

한 번은 미국 남부의 어느 지역에서 몇몇 홈스쿨 어머니들과 이런 교훈에 대해 나눌 때였다. 모임이 끝나고 한 어머니가 울면서 나에게 다가왔다. 그 어머니는 이런 주제와 관련하여 지금까지 많은 말씀을 들었지만, 내가 전한 메시지를 통해 처음으로 격려를 받았다고 고백했다. 그러면서 사실 대학 시절부터 매춘부로 돈을 벌었다고 털어놓았다. 이후에 그리스도를 영접하고 나서 자기 삶이 변화되었으며, 결혼 후에는 여러 명의 딸을

"예수님을 구세주로 받아들이기로 했다면 당신이 어떤 위치에서 시작했든 상관없이 하나님의 자녀인 것이다. 사실상 당신도 그리스도의 혈통에 속해 있다."

낳았다고 한다. 그런데 복음주의 계통의 교회에서 흔히 받아온 가르침 때문에 늘 끊임없는 두려움과 좌절감에 빠져 있었다고 한다. 그 가르침은 바로 출애굽기 20장 5절에 근거한 것이었다.

너희는 그것들에게 절하거나, 그것들을 섬기지 못한다. 나, 주 너

희의 하나님은 질투하는 하나님이다. 나를 미워하는 사람에게는, 그 죗값으로, 본인뿐만 아니라 삼사 대 자손에게까지 벌을 내린다새번역

이 어머니는 교회에서 출애굽기 20장의 구절을 강조하면서 부모와 조상들이 과거에 지은 죄로 말미암아 자녀들에게 엄청난 해가 돌아갈 것이라고 예언하는 가르침을 받았다고 했다. 한국에서는 가계 저주론이라고도 알려진 이런 가르침은 마치 마술 주문을 외우듯 공식 같은 기도를 사용하도록 사람들에게 부추기기도 한다. 마치 그 구절이 우리를 형벌로부터 구해 주기라도 하듯이 말이다. 이 어머니는 자기 딸들이 자신의 죄악된 행동을 되풀이하는 운명에 처하지는 않을까 늘 두려움에 떨면서 살아왔다고 했다.

이 어머니에게 격려해 준 메시지는 내가 지금 당신에게 말하고자 하는 것과 같다. 곧 그런 가르침은 하나님의 말씀이 전하고자 하는 의미를 곡해하여 "예수님이 우리 죄를 용서해 주신다"는 복음의 핵심 진리를 놓치게 만든다. 예수님은 이미 죄의 형벌로부터 우리를 용서해 주셨고, 죄의 권세로부터 우리를 해방시켜 주셨는데도 말이다.

하나님의 구속 능력

설령 우리가 죄를 지었다 해도 복음은 우리 자녀들이 불행한 운명을 맞이할 수 있다는 생각을 거부한다. 심지어 출애굽기의 그 다음 구절은 우리를 정상으로 회복시켜 주신다. 하나님은 출애굽기 20장 6절에서 "나를 사랑하고 내 계명을 지키는 자에게는 천 대까지 은혜를 베푸느니라"고 말씀하신다.

다만 부모로서 당신이 계속 죄 가운데 빠져 있다면 자녀들의 삶 속에서 분명 결과가 드러날 것이다. 하지만 예수님께 마음을 내어드리고 하나님을 사랑한다면 수천 대의 자손에 이르기까지 하나님의 사랑을 받는 길로 나아가는 것이다. 이처럼 하나님께서 천 대까지 사랑을 보여 주시겠다고 약속하는데도 불구하고 자녀들을 저주하는 당신은 도대체 누구란 말인가?

이 구절에 대한 해석을 확신시켜 주는 논리가 있다. 하나님이 과연 라합의 죄에 대해 삼사 대에 이르기까지 징계를 내리셨는가? 아니다. 라합의 아들은 경건과 정절의 모범인 보아스가 아닌가?

어머니들이여, 그리스도의 족보에 기록되어 있는 할머니들은 결론적으로 하나님의 구속 능력이 당신의 과거보다 훨씬 더 강력하다는 사실을 입증해 주는 증거다.

하나님은 당신의 어제를 돌이키실 수 있다

비록 당신이 극복해야 할 어제가 참으로 심각하고 비참하다 해도 하나님은 얼마든지 당신의 어제를 극복하실 수 있다. 하나님은 예수 그리스도의 능력으로 당신과 자녀들을 얼마든지 높이실 수 있다. 그리스도는 우리 죄를 용서해 주시고 아무리 흉악한 죄인이라 할지라도 영광스러운 성도로 돌이키게 하신다. ✤

2장

어머니의
헌신과 사랑은
멈추지 않는다

홈스쿨링을 하기로 결단하는 것은 개인적인 지도 방법에 따라서 학문적 내용을 그저
전달하기만 되는 그런 단순한 결정이 아니다. 그것은 자녀의 인생에 당신의 삶과 시간
같은 본질적인 자원들을 모두 쏟아붓겠다는 헌신에 대한 결정이다.

❋ 어머니의 헌신이 낳은 사랑

내가 잠옷 차림으로 게슴츠레한 눈으로 컴퓨터 모니터를 뚫어져라 바라보면서 이 글을 쓰고 있을 때, 아내는 위층에서 갓난 아들 피터를 재우려고 애쓰고 있었다. 아내는 나보다 훨씬 더 많은 수고를 아끼지 않고 있다. 왜냐하면 오직 아내만이 한밤중에 피터에게 젖을 물릴 수 있기 때문이다.

갓난아기를 돌보는 일은 매우 고된 일이다. 아마도 당신은 피터가 우리 가정의 열 번째 자녀였으므로 내가 아기 돌보는 일에 대해서는 이골이 났으리라 생각할지 모르겠다. 아버지는 여러 달이 지나고 나면 곧 잊고 만다. 항상 내가 기억할 수 있는 것보다 더 많은 일거리들이 쏟아지고 수고를 요구하기 때문이다.

피터가 태어나기 열흘 전 쯤 나는 체코 프라하에서 열린 세계가정의회World Congress of Families에서 강연했다. 그때 내가 참여했던 토론 그룹에서 매우 흥미로운 이야기를 전해 준 베네수엘라 출신의 소아과 의사가 있었다.

엄마가 처음으로 아기와 깊은 사랑에 빠지는 때는 아기 때문에 너무 많은 희생을 치른 후 매우 피곤한 때인 한밤중이랍니다. 낮에 잠시 보는 사람들은 아기를 예뻐하면서 사랑스러운 생각과 감정을 떠올릴 수 있겠지만, 그 아기를 정말로 깊이 사랑하는 사람은 하루 종일 밤낮없이 아기의 필요를 살피고 돌보느라 가장 힘들게 일하는 엄마들이지요.

우리는 종종 분리불안장애를 앓고 있는 고아원 아이들의 이야기를 종종 듣는다. 왜냐하면 부모나 보호자가 품어 주고 껴안아 줄 때 느끼는 심리적 안정을 경험하지 못했기 때문이다. 다시 말해 이런 아이들은 불편할 때 곧장 달려와서 돌봐 줄만큼 충분히 사랑해 주는 사람이 없었기 때문에 고통을 겪는다.

홈스쿨링, 사랑의 기회
베네수엘라 의사 이야기는 나에게 홈스쿨링을 다시금 생

각해 보도록 만들었다. 홈스쿨링 또한 많은 어려운 일들을 요구한다. 아이들을 위한 교안을 작성하는 것보다 차라리 「사이언스」지의 논문 기사를 읽는 것이 훨씬 쉽게 여겨진다. 또 8살짜리 아이와 마주 앉아서 수학 문제를 풀려고 끙끙대는 것보단 정원 손질하는 게 마음이 편하다. 마치 갓난아기를 돌보는 것처럼 홈스쿨 학생들은 엄마와 아빠에게 엄청나게 힘든 것들을 요구하는데, 매우 성가실 뿐 아니라 많은 희생이 필요하다.

나는 지금까지 많은 홈스쿨 졸업생들의 이야기를 들어왔다. 학생들은 자신이 겪은 홈스쿨링에 대해 이야기하면서 한 명도 예외 없이 모두가 홈스쿨링 덕분에 자신들이 생각했던 것보다 훨씬 더 많이 부모와 가까워졌다고 느끼고 있었다. 그것을 유대감이라고 부를 수 있겠고, 또 사랑이라고 불러도 좋다. 어떻게 부르든 간에 부모와 자녀 사이에 밀접한 관계를 맺기 위한 일반적인 공식은 점점 아이들이 자라더라도 결코 변하지 않는다. 그건 바로 시간, 희생, 힘든 일, 불편한 시간들 등을 함께 나누는 것이다.

세상에서는 대개 모든 일이 유쾌하게 잘 풀릴 때 사랑이 꽃필 수 있다고 생각한다. 만약 사랑을 활짝 꽃피우는 관계를 원한다면 만사형통이 매력 있는 방법일 수 있다. 현실에서 어떻게 늘 형통할 수 있겠는가? 진실로 마음 깊이 뿌리내리는 사랑을 바란다면, 또 어떤 변화나 역경에도 쓰러지지 않는 뿌리 깊은 사랑을 원한다면 다른 길은 없다. 곧 시간, 희생, 힘든 일, 불편한 시간들이 그와 같은 사랑을 만들어 갈 것이다. 홈스쿨링은 부모들에게 자녀에 대한 깊은 사랑을 이어주는 특별하고 강력한 기회다. 물론 자녀들에게도 마찬가지다.

홈스쿨링을 지속하는 힘

홈스쿨링에 대한 헌신

이 글을 쓸 즈음에 나는 오하이오 주 페어본에 있는 호텔 실내 수영장에 앉아 있었다. 우리 아이들 다섯 명은 서로 물을 튀기면서 신나게 놀고 있었다. 밖에서는 비가 내리고 있었는데, 아이들은 실내 수영장이라 비에 젖지 않아도 된다고 좋아했다.

오하이오 주에 온 이유는 시더빌 대학교Cedarville University를 졸업하는 큰딸 크리스티를 보기 위해서였다. 수영장에서는 4살, 6살, 8살, 9살 그리고 11살의 아이들이 놀고 있었다. 크리스티가 4살이었을 때는 내가 지금보다 18살이나 젊었다. 당시에는 분명 지금보다 훨씬 에너지가 넘쳤을 것이다. 물론 지혜는 훨씬 부족했다. 그런데 이처럼 오랜 시간 동안 부모노릇에 헌신하게 될 줄은 몰랐다. 이 일이 부모인 우리에게는 하나님 앞에서 엄숙한 결단과 깊은 감사를 드릴 수밖에 없는 숭고한 과업이었다.

홈스쿨 부모는 포괄적인 의미에서 자녀 양육의 책임을 감당하게 된다. 내가 늘 홈스쿨 부모들을 무한정 격려하는 이유도 이와 같다. 나에게도 홈스쿨 아버지로서 격려가 필요한 것처럼 당신 역시 오랫동안 많은 노력이 필요한 이 일을 끝까지 잘 인내할 수 있도록 격려가 필요하다. 홈스쿨링을 하기로 결단하는 것은 개인적인 지도 방법에 따라서 학문적 내용을 그저 전달하기만 되는 그런 단순한 결정이 아니다. 그것은 자녀의 인생에 당신의 삶과 시간 같은 본질적인 자원들을 모두 쏟아붓겠다는 헌신에 대한 결정이다.

"어떻게 부르든 간에 부모와 자녀 사이에 밀접한 관계를 맺기 위한 일반적인 공식은 점점 아이들이 자라더라도 결코 변하지 않는다. 그건 바로 시간, 희생, 힘든 일, 불편한 시간들 등을 함께 나누는 것이다."

만약 홈스쿨링이 그저 학문적 체계이거나 교육 방법론적인 차이 정도였다면 아내와 나는 16년차인 지금보다 훨씬 전에 모든 과정을 마쳤을 것이다. 단지 시험 성적을 끌어올리는 것이라면 우리 가정에서 모든 일을 감당하면서 홀로서기를 준비하는 이유로는 그다지 충분하거나 합당치 않다. 열 명의 자녀 중 장성한 세 딸의 영적·도덕적인 성품 그리고 아내와 내가 아이들과 함께했던 엄청난 상호 작용의 기회들을 생각해 보면 부모로서 우리가 보냈던 세월과 희생은 지금까지 받은 보상에 비해 매우 적은 투자에 지나지 않는다. 이에 대해서는 흔들리지 않는 확고한 믿음을 가지고 있다.

지속가능한 홈스쿨링

때때로 어려운 시기에 부딪히게 되면서 홈스쿨링을 포기해야 할지, 지속해야 할지를 두고 끊임없는 의구심이 밀려올 때 흔들리지 않으면서 분명한 확신 가운데 나아갈 수 있도록 돕는 세 가지 아이디어를 제안하고자 한다.

첫째, 우리는 부모 역할을 결코 그만둘 수 없다는 사실을 기억해야 한다. 부모로서 자녀들에 대한 의무와 역할은 절대로 중단될 수 없다. 우리가 80세의 늙은이가 되고 자녀들이 50세 중년이 된다 해도 여전히 마찬가지다. 어떤 부모들, 특히 어떤 아버지들은 부모 역할을 외면하고 책임을 회피하려고 한다. 아무리 회피한다고 해도 부모 자리에서 물러날 수 있는 게 아니다.

그것은 단지 부모 책임에서 잠시 도망치는 것이다. 당신에게는 오직 하나의 기회만 있을 뿐이다. 과연 나는 책임 있는 부모가 될 것인가, 아니면 무책임한 부모가 될 것인가? 홈스쿨링이 책임 있는 선택이긴 하지만, 이 선택을 책임 있는 방식으로 실행하기 위해서는 부지런히 노력해야 한다. 당신은 부모가 되는 것을 그만둘 수 없으며, 특히 책임 있는 부모가 되는 것을 그만두어서는 안 된다.

둘째, 우리는 자녀들을 어린아이가 아니라 성인으로 키우고 있다는 사실을 기억해야 한다. 부모 노릇의 초점은 홈스쿨링의 초점과 마찬가지로 우리의 자녀들을 성숙함으로 인도하는 것이다. 그저 멋지게 시작하는 것만으로는 충분치 않다. 당신의 부모 노릇은 출발점이 아니라 결승점에서 결판날 것이다. 부모 역할을 그만둘 수 없다는 말이나 자녀를 성숙의 단계로 키우라는 말은 모두 홈스쿨링을 고려하고 있는 당신에게는 큰 부담일 것이라고 인정한다. 그렇기에 더더욱 홈스쿨링을 그만두기는 어려울 것이다.

셋째, 우리가 책임 있는 부모가 되기 위해 마땅히 보여주어야 할 자기 훈련self-discipline에 대해 아무리 부족한 노력을 기울이고 자신이 보기에도 미흡하다 할지라도 하나님은 풍성하게 갚아주신다는 사실을 기억해야 한다. 물론 이러한 보상이 하룻밤 사이에 이루어지지는 않는다.

다음의 성경 구절을 곰곰이 묵상해 보자. 먼저 히브리서 12장 11~13절은 경건한 보상을 받는 조건으로 끈기와 인내의 필요성을 가르쳐 주고 있다.

무릇 징계discipline가 당시에는 즐거워 보이지 않고 슬퍼 보이나 후에 그로 말미암아 연단 받은 자들은 의와 평강의 열매를 맺느니라 그러므로 피곤한 손과 연약한 무릎을 일으켜 세우고 너희 발을 위하여 곧은 길을 만들어 저는 다리로 하여금 어그러지지 않고 고침을 받게 하라

또 내가 좋아하는 성경 구절 가운데 하나인 이사야 40장 31절에서는 하나님의 상급에 관하여 비정상적인 원리를 가르쳐 준다.

오직 여호와를 앙망하는 자는 새 힘을 얻으리니 독수리가 날개 치며 올라감 같을 것이요 달음박질하여도 곤비하지 아니하겠고 걸어가도 피곤하지 아니하리로다

우리가 해야 할 일은 오직 주님을 앙망하는 것이다. 그러면 지치지도 않고 피곤하지도 않고 독수리가 날개 치듯 올라가게 될 것이라고 말씀하고 있다. 크리스티의 졸업이라는 중대한 가정사 앞에서 곰곰이 생각해 보면서 아내와 나는 여기까지 도달하기 위해 수도 없이 독수리가 날개 치듯 날아올랐다

는 사실을 깨닫게 된다.

또 수영장에서 놀고 있는 다섯 꼬마 녀석들의 즐거운 비명을 들으면서도 앞으로 끊임없이 폭풍우가 몰아치는 인생에서 우리 가정을 안전하게 지켜주시기 위하여 하나님이 그분의 날개를 쉬지 않고 지속적으로 우리에게 펼쳐 주실 것이라는 확신을 느끼게 된다.

홈스쿨링의 20가지 유익

가끔 홈스쿨링 세미나에 참석해서 강의를 듣다 보면 홈스쿨 부모인 당신에게 모든 날들이 온통 달콤함과 찬란한 빛으로 가득하게 만들고, 자녀들도 저마다 기쁨 넘치는 하루를 마칠 수 있게 된다고 희망을 불어넣을 것이다. 또 엄마의 설거지와 청소를 돕기도 전에 모든 숙제를 말끔하게 끝낸 자녀들의 달라진 모습도 꿈꾸게 만든다. 온통 홈스쿨링에 대한 장밋빛 환상을 머릿속에 그리게 한 후 홈스쿨링이라는 상품 즉구 버튼을 누르게 만든다. 마치 당신에게 헐값으로 한강 다리를 팔아넘기려고 하는 어처구니없는 장사꾼처럼 홈스쿨링을 매우 편향된 관점으로 소개하는 것이다.

어떤 날들은 전혀 이와 같지 않다. 사실 몇몇 해에는 통째로 아주 힘들 것이다. 이제 관점을 바꿔서 재미있는 방법으로 홈스쿨링의 고달픔을 달래보자. 시험 점수를 몇 점 더 올리는 방법 같은 고리타분한 목록보다 홈스쿨링의 20가지 유익에 대한 목록이 훨씬 재미있을 것이다.

20. 아이들은 부모보다 자기네 선생님이 훨씬 더 똑똑하다고 절대로 이야기하지 않는다.

19. 아침에 일어나 아이들의 양말을 챙기면서 짝을 제대로 못 맞췄다고 해도 누가 상관하겠는가? 도대체 그게 무슨 대수란 말인가?

18. 폭설이 내리거나 태풍이 거칠게 몰아치는 날, 학교에 출석하기 어렵다고 전화할 필요가 전혀 없다.

17. 아이들이 공부하면서 엉덩이나 손바닥을 맞을지도 모른다고 생각할 순 있지만, 총을 맞을지도 모른다고 걱정할 필요는 전혀 없다.

16. 만약 교장 선생님이 교사에게 나쁜 평가를 내린다면 교사는 한밤중이든, 아니면 언제든지 교장 선생님에게 자기 입장을 얼마든지 변호할 수 있다.

15. 종교 편향에 대한 소송을 당하지 않고서도 얼마든지 교실 벽에 십계명을 붙여놓을 수 있다.

14. 아이들이 점심 식사를 거르지 않도록 억지로 학교 식당으로 몰아갈 필요가 없다.

13. 20주년 동창회에 나가서 옛 애인을 만나고 부주의하게 결혼생활을 청산할 필요가 없다.

12. 단순히 기저귀 이상으로 당신은 아이들에게서 많은 것들을 바꾸어 놓는다. 무엇보다 먼저 아이들의 마음을 바꾸어 놓는다.

11. 절대로 아이들이 학교에서 집안으로 독감을 옮겨오지 않는다.

10. 녹색어머니회 봉사에 시간이 없어서 할아버지를 대신 보내거나 같은 반 학부모 SNS에서 구구절절한 엄마들의 수다를 듣지 않아도 된다.

09. 아이들이 다문화나 동성애 논쟁 같은 주제에 대해 이야기하더라도 그저 생일 파티를 계획하면서 나누는 대화처럼 익숙해진다.

08. 홈스쿨링 어머니가 된 이후로 당신은 이제 남편을 향해 숟가락을 집어 던질 수 있는 합법적 권리를 갖게 된다. 물론

언제든지 남편에게 화를 낼 수 있다. 다만 남편의 이마가 살짝 붉히는 정도는 괜찮지만 시퍼렇게 멍들 정도의 과격함은 자제하도록 하자.

07. 학교에서 벌어진 논쟁에 대해 아이들의 편을 들어야 할지, 교사의 편을 들어야 할지 고민에 빠질 필요가 없다.

06. 아이들이 우리 홈스쿨 학교에서 약을 먹더라도 그건 간단한 두통약 정도일 것이다.

05. 교사가 교무실에서 교장에게 키스를 받더라도 아무도 험담하지 않는다.

04. 아이들은 이 목록의 숫자들이 거꾸로 배열되어 있다는 것을 잘 알고 있다.

03. 홈스쿨 우등생이라면 택배 박스에 적힌 글씨 정도는 당연히 읽을 수 있다.

02. 아이들이 개가 자기 숙제를 먹어치웠다고 주장하면 당신은 여유를 갖고 그 개에게도 얼마든지 물어볼 수 있다.

01. 아이들은 어머니인 당신에 대해 언제든지 기적을 일으키는 원더우먼으로 생각하면서 어려운 일에 대해 조언을 구하러 달려올 것이다. ⚜

3장

어머니의 경외함이
자녀를
하나님께로 이끈다

온 우주의 하나님에게 날마다 이야기하기에 적절한 시간을 보낼 수 있기를 소망할 뿐이다. 그 하나님은 나와 우리 자녀들을 사랑하시며 우리 인생 가운데에서 일어나는 모든 세세한 일들이 우리에게 최선인 동시에 그분의 영광을 위하여 사용되기를 바라시는 분이기 때문이다.

✻

우리 집이 최고!

사도 바울은 빌립보 교인들에게 이렇게 편지했다.

그러나 나도 육체를 신뢰할 만하며 만일 누구든지 다른 이가 육
체를 신뢰할 것이 있는 줄로 생각하면 나는 더욱 그러하리니 나
는 팔일 만에 할례를 받고 이스라엘 족속이요 베냐민 지파요 히
브리인 중의 히브리인이요 율법으로는 바리새인이요 열심으로
는 교회를 박해하고 율법의 의로는 흠이 없는 자라빌립보서 3:4-6

이와 유사한 '혈통 자랑'을 한 번 들어보라. 아내와 내게는
10명의 자녀가 있다. 우리는 1982년 이래로 계속 홈스쿨링을
해왔다. 그러면서 코트십 courtship*에 헌신했고, 자녀들에게 시

민정신을 훈련시켜 왔으며, 우리 아이들이 미래의 결혼에 대해 준비할 수 있도록 교육해 왔다. 지역 교회 - 우리 교회에서는 대부분의 아이들이 홈스쿨링으로 자라고 있다 - 도 열심히 섬겼으며, 다양한 환경에서 대학 수준의 도제 훈련을 언제든지 환영하는 가정이다. 또한 우리 집은 오직 국산차만 애용한다.

'우리 집이 최고!'라고 제목을 붙인 데에는 이유가 있다. 홈스쿨링 운동 내에서는 흔히 보게 되는 태도가 있는데, 이를테면 단순히 홈스쿨링을 한다는 사실 자체가 영적으로 무슨 자랑거리나 되는 것처럼 생각하는 홈스쿨 가정들이 있다. 오늘날 다른 사람들보다 앞서갈 정도로 자기 가정의 영적 수준을 회복했다고 생각하는 많은 홈스쿨 가정들이 존재한다. 이것이 '우리 집이 최고!'라는 태도가 작동하는 방식이다.

> 홈스쿨링은 좋은 점이 많지만, 정말 훌륭한 홈스쿨 가정들은
> _____을 한다.

✱ 코트십은 상대 배우자가 청혼한다는 의미로, 두 사람을 짝지어 주시는 분이 곧 하나님이심을 믿는 절대적인 믿음을 기초로, 결혼을 남편과 아내와 하나님 사이에 맺어진 언약으로 받아들이는 것이 코트십의 본질이다. 내가 원하는 최고의 배우자를 만나겠다는 욕구를 따라 스스로 찾아나서는 온갖 노력을 내려놓고, 결혼에 대한 하나님의 주도권을 인정하고 기다리면서 하나님이 예비하신 배우자를 만나기 위해 하나님과 친밀한 관계로 나아가는 가운데 스스로 최고의 배우자감이 되도록 준비하고 노력하는 것이다.

무수히 많은 자랑거리가 이 빈칸을 채우기 위해 사용될 수 있다. 정말 훌륭한 홈스쿨 가정들은 통합 교육을 한다거나, 특정한 유형의 커리큘럼을 사용한다거나, 어떤 전국 홈스쿨링 모임이나 지역 훈련 프로그램에 속해 있다거나, 고전 문학을 공부한다거나, 직접 빵을 구워 먹는다거나, 가정에서 출산을 한다거나, 각종 예방 접종을 하지 않는다거나, 사회 보장 제도에는 가입하지 않는다거나, 교회 주일학교에 참여하지 않는다거나, 텔레비전이 아예 없다거나, 피임약_{산아 제한}을 사용하지 않는다거나 등등 여기에 들어갈 수 있는 항목은 셀 수도 없이 많다.

우리의 홈스쿨링이 모두에게 정답은 아니다

내가 이야기하려는 요점은 자녀들을 홈스쿨링하거나 훈련하기 위한 여러 접근 방식 가운데 어떤 것을 정죄하려는 게 아니다. 아내와 나 역시 이러한 '자랑거리' 가운데 많은 것들을 실제로 실천하고 있다. 그럼에도 나 스스로 피하고 싶어 하는 게 바로 '우리 집이 최고!'라는 식의 태도다.

우리 가정이 1982년부터 홈스쿨링을 해왔기 때문에 다소 경험 많은 홈스쿨 가정일 수도 있지만, 이제 1~2년 정도 홈스쿨링을 진행한 가정보다 반드시 더 낫다고 말할 수는 없다. 우리는 분명 열 명의 자녀들을 홈스쿨링으로 키우는 특별한 도전을 경험했지만, 하나나 둘 또는 세 아이를 홈스쿨링으로 키우는 것도 마찬가지로 매우 도전적인 일이다.

불행하게도 '우리 집이 최고!'라는 태도는 홈스쿨링 운동 내에서 점차 심해지고 있다. 우리 자신의 삶에서 그러한 태도가 불쑥불쑥 튀어나오지 않도록 주의해야 한다. 논란의 여지가 있는 주제에 대해 우리 자신의 의견을 개진하지 말고 무조건 자제하라고 말하는 게 아니다. 만약 누군가가 나에게 데이트보다 코트십에 그토록 집중하는 이유를 물어본다면, 나는 기쁜 마음으로 열심히 그 이유를 설명해 줄 것이다. 이럴 경우에도 특별함으로 치장한 우월감이 아니라 겸손한 태도로 그렇게 할 것이다.

최근 야고보서를 묵상하는 가운데 이전에 눈여겨보지 않았던 한 단락이 처음으로 내 눈에 확 들어왔다. 잘 알다시피 야고보서의 주요 주제 가운데 하나는 '행함이 없는 믿음은 죽은 것'이다. 옳은 것을 믿으려고 노력하면서도 자신이 고백하는 믿음과 다른 방식으로 인생을 살아가고 있는 사람들에게 야고보서는 참 힘든 책이다. 왜냐하면 야고보서는 매우 단호하고 강경한 어조로 메시지를 전하고 있기 때문이다. 그런데 야고보 사도는 이렇게 말하고 있다.

너희는 자유의 율법대로 심판 받을 자처럼 말도 하고 행하기도

하라. 긍휼을 행하지 아니하는 자에게는 긍휼 없는 심판이 있으
리라. 긍휼은 심판을 이기고 자랑하느니라 야고보서 2:12-13

그리스도와 동행하는 삶을 살기 위해 발버둥칠수록 자신
에게 엄격해지는 것이 점점 더 어려워짐을 느낀다. 지금까지
나는 스스로에 대해 높은 수준의 탁월함을 유지하려고 최선
을 다해 왔다. 반면 그리스도와 동행하기 위해 애쓰다 보니
결국 내 방식과 전혀 다르게 일하는 사람들에게는 점점 관대
해지게 되었다. 때때로 기쁜 마음으로 그들과 이야기를 나누
면서 내 방식대로 일하도록 격려하기도 했지만, 한결같이 은
혜롭고 포용적인 태도를 유지하려고 노력했다. 우리 또한 홈
스쿨 가정으로서 자기 자신에게는 엄격하면서도 나와 다른
특징을 가진 홈스쿨 가정들에 대해서는 관대해져야만 한다.

긍휼이 심판을 이긴다

여기에서 한 걸음 더 나아가서 이야기해 보자. 물론 홈스쿨
링이 가장 훌륭한 형태의 교육 방식이라고 생각할 뿐만 아니
라 열심히 노력하기만 하면 어떤 부모든 충분히 훌륭하게 자
기 역할을 감당할 수 있다고 생각한다. 한편으로 성경에서는
이것이 자녀들에 대한 그리스도인 부모의 의무라고 생각할
지라도 다른 부모들이 홈스쿨링을 제대로 감당해내지 못한

다고 해서 그것을 죄라고 단정할 사람은 아무도 없다. 우리에게는 단 한 분의 성령밖에 없으며, 성령은 내가 '아니다.' 또한 당신 역시 성령이 '아니다.'

우리는 다른 홈스쿨 가정들에게 은혜로운 사람이 되어야 하며, 그 외 다른 사람들에게도 역시 마찬가지다. 우리는 자유의 율법대로 심판 받을 자처럼 말하고 행동해야 한다. 왜냐하면 긍휼 없는 심판은 지금까지 자비롭지 못한 삶을 살아온 사람들에게 여실히 드러날 것이기 때문이다. 긍휼이 심판을 이긴다.

진정으로 영적인 홈스쿨 가정이라면 '우리 집이 최고!'라는 태도를 보이지 않으려고 노력해야 한다. 우리 모두가 은혜로운 사람이 되어야 할 것이다.

어머니 여러분, 고맙습니다!

내가 누리는 놀라운 특권 중 하나는 매년 전국 홈스쿨 컨퍼런스에서 수천 명의 홈스쿨 부모들에게 강연을 하고 대화할 수 있는 기회를 가졌다는 사실이다. 컨퍼런스에서 만나는 사람들마다 내게 홈스쿨법률보호협회 HSLDA의 활동과 지원에 대해 고마워한다. 또 협회를 위해 기도한다고 말하는 사람들의 이야기를 들을 때마다 특별한 감동을 받는다. 협회의 모든 직원들에게 이 말은 무어라 형용할 수 없을 만큼 많은 의미를 내포하는 격려다.

그런데 지난 십수 년 동안 우리 가정에서 아내가 홈스쿨링에 뛰어드는 모습을 지켜보면서 한 가지 질문이 떠올랐다. 도대체 누가 홈스쿨링 운동의 진정한 영웅들에게 제대로 감사를 표하기나 했던가? 1996년 즈음, 아내는 현재 학령기에 있는 다섯 명의 아이들을 가르치고 있었다. 이 외 두 자녀는 이미 졸업했고, 둘은 아직 너무 어렸다. 아내는 모두 합쳐서 스물여덟 과목을 가르쳤다. 날마다 빨래하고 요리하고, 빨래하고 청소하고, 빨래하고 운전하고, 빨래하고 시장 보고, 빨래하고 수선하고… 등 끊임없이 이어지는 모든 일 가운데에서도 가장 중요한 우선순위인 가르치는 책임을 다해 왔다.

아내는 일반적으로 매우 드문 경우라고 할 수 있다. 물론 내게도 아내 비키는 분명 유례없이 매우 특별한 사람이다. 다른 수십만 명의 홈스쿨 어머니들도 역시 그와 동일한 일들을 진행하고 있다. 그럼에도 이런 여성들, 곧 홈스쿨링 운동의 진정한 영웅들은 거의 제대로 감사의 말을 듣지 못하고 있다는 것이 안타깝다. 이제라도 한 번 그렇게 해보고자 한다.

다음은 예전에 내가 모든 홈스쿨 어머니들에게 보내는 편지 형식으로 썼던 글이다.

홈스쿨 어머니 여러분,

여러분의 인생을 차지하는 수많은 시간과 세월들을 기꺼이 희생하여 자녀들을 경건하고 성숙하게, 지적이고 더욱 지혜롭게, 또 사랑 넘치는 모습으로 성장할 수 있게 해주셔서 정말 감사합니다. 엄청난 액수의 돈을 기부하는 사람은 훌륭한 자선가라고 알려지고 또 언론에서 훌륭한 사람으로 크게 보도됩니다. 여러분은 이보다 훨씬 더 가치 있는 것을 기꺼이 내어 주었습니다. 여러분은 자녀들에게 자신의 모든 것을 쏟아부어 하나님이 기뻐하시는 수준으로 성장하도록 훌륭하게 이끌어 주었습니다. 자녀들이 하나님의 마음을 닮은 성품 자질에 도달할 수 있다는 소망을 갖는 것은 여러분이 그와 같은 성품을 부어주시는 참 하나님을 섬기기 때문입니다.

비록 아무리 평범할지라도 여러분이 그토록 오랫동안 열심히 홈스쿨링을 위해 섬겨 주셔서 고맙습니다. 온 사회가 편리함을 추구하는 데 빠져 있지만 여러분은 가치 있는 것들이 하루아침에 단 한 번 만에 이루어지지 않는다는 점을 잘 보여 주었습니다. 여러분은 두 번, 세 번, 네 번이라도 그게 이루어질 때까지 끊임없이 시도하는 미덕을 보여 준 본보기입니다. 만약 우리 자녀들이 여러분의 본보기에서 배운 인성을 가지고 일터로 나아가게 된다면 탁월하게 인정받을 것입니다.

또 홈스쿨링 운동에 새롭게 동참하거나, 여러 고민들 앞에서 분투하고 있거나, 현실적 어려움으로 말미암아 낙심하고 있거나, 여러분의 경험과 상담 그리고 지혜가 필요한 다른 어머니들을 기꺼이 격려해 주셔서 고맙습니다. 다른 가족들이 성공할 수 있도록 많은 시간을 할애하면서 보여 준 여러분의 이타적인 태도 또한 감사합니다. 당연히 여러분은 자녀를 성공시키는 일에 우선권이 있습니다. 다른 사람들을 도와준다고 해서 얻을 수 있는 것은 아무것도 없습니다. 그럼에도 여러분이 보여 준 행동은 순수하고 이타적인 모습입니다.

하나님에 대한 여러분의 순종에도 감사합니다. 지금까지 여러분은 남편과 함께 성경을 읽고 기도해 왔습니다. 또 가정 교육 가운데 당신을 이끌어가는 남편을 이해해 주려고 애썼습니다. 어떤 대가나 어려움이 따른다 해도, 또 즉각적인 보상이나 감사가 없다 해도 그것이 단지 옳은 일이라는 이유로 여러분은 아무 흔들림없이 그 일을 계속해 왔습니다. 여러분은 도덕적 용기가 무엇인지 본보기를 보여주면서 가정을 잘 섬겨 왔고, 이는 모든 지도자들이 배워야 할 마땅한 본보기입니다.

또 여러분의 남편을 사랑해 주셔서 감사합니다. 여러분의 결혼 생활은 가정에서 인간다운 삶을 살아가기 위한 기초입니다. 그 삶에 금이 가고 부서질 때 홈스쿨링을 포함하여 여러분이 소중하게 여기는 모든 것들이 위협 받게 됩니다. 남편에 대한 여러분의 이타적인 사랑은 이 기초를 더욱 강하고 진실되게 유지시켜 주는 원천입니다.

오랜 시간 동안 자녀들에게 진리를 가르쳐 준 것에 대해 감사드립니다. 오늘날 이 세상의 교육은 진리를 무시하고 하나님으로부터 흘러나오는 진리의 원리들과는 아주 다른 지식을 억지로 전해 주려고 합니다. 그러나 여러분의 자녀들은 실제적이고 진실하며 유익한 것들을 배우는 특권을 누리고 있습니다. 오랫동안 진리와 함께하는 복을 누려온 사람들에게 싸구려 모조품은 언제나 시시하고 아무 짝에도 쓸모없는 가짜로 드러날 수밖에 없습니다.

마지막으로 성공에 대한 이 사회의 정의와 달리 기꺼이 거대한 흐름에 대항하여 거슬러 나아가고 있는 것에 대해 감사합니다. 가정주부인 어머니들은 우리 사회의 거짓된 찬사 때문에 열등감을 느끼곤 합니다. 아메리칸 마더스American Mothers, Inc.에서 매년 시상하는 '올해의 어머니Mother of the Year' 상에 선정된 사람들은 대개 훌륭한 어머니들이기는 하지만, 산업, 공공 정책, 재정 분야에서 지도자로서 두각을 드러냈다는 이유로 선발됩니다. 온 세상이 전적으로 자기 가정에 모든 것을 헌신하는 어머니들을 조롱하는 그 때에 여러분은 앞선 세대들보다 더 열심히 맡은 역할에 대해 최선을 다했습니다. 당신이 '모든 일을 제대로 감당한다'는 것은 자녀 양육의 모든 책임을 자기 어깨에 기꺼이 짊어졌다는 뜻입니다.

여성운동가들은 중국이나 다른 나라의 여성들을 위한 컨퍼런스를 열고, 어머니들이 마땅히 받아야 할 포상을 베푸는 것에 대해 주저합니다. 그러나 여러분에 대한 보상은 결코 빈약한 감사로 끝나지 않을 것입니다. 여러분의 수고에 대한 진정한 보상은 하나님 나라에서 받을 보상뿐만 아니라 타협으로 왜곡된 이 세상 가운데에서도 당당하게 올바로 서 있는 여러분의 자녀가 될 것입니다. 여러분의 자녀들은 올곧은 삶의 모습과 언행과 행동으로 여러분들을 복되게 할 것입니다. 그것은 오직 여러분만이 물려줄 수 있는 사랑의 유산입니다.

홈스쿨 어머니 여러분,
온 마음을 다하여 진심으로 감사드립니다.

큰 아이가 작은 아이를 가르친다

제이미의 삶의 목표

1998년 우리 가정에서는 열 명의 자녀 가운데 여섯 명이 학령기에 접어들었다. 지금까지 우리 가족 홈스쿨링 역사에서 가장 많은 기록이다. 셋은 이미 고등학교를 졸업했다. 오직 피터만이 이제 겨우 18개월이었다. 이제 우리 집에서는 유치원, 초등 1학년, 초등 5학년, 초등 6학년 그리고 두 명의 중학생을 차례로 두게 되었다.

도대체 아내 비키는 어떻게 여섯 학년의 아이들을 동시에 가르칠 수 있단 말인가? 교육 계획과 그룹을 잘 짜는 것이 그 해답의 일부다. 물론 오랜 세월도 그 해답의 일부이기도 하다. 이에 더하여 21살짜리 딸 제이미도 역시 해답이다.

제이미는 15살 때 전국우수장학생 National Merit Commended Scholar* 표창을 받고 고등학교를 졸업했다. 그 후 그래픽 디자이너와 편집자로서 4년 동안 도제 훈련을 받고 나서 루마니아에 있는 기독교 대학에서 일했다. 또 이 대학과 관련된 고

✻ 미국에서 대개 전국우수장학생의 후보로 인정을 받기 위해서는 출신 고등학교가 속한 주에서 상위 4% 이내의 고득점을 받아야 하고, 고등학교를 졸업하기 전까지 SAT 점수를 제출하면 미국 전체에서 상위 1% 이내만이 최종 선발된다. 전국우수장학생의 최종 후보(NMS Finalist)가 되면 미국 내 상위 대학들이 먼저 장학생으로 제의할 만큼 인정을 받게 되고, 대학 입시에서도 그만큼 가산점을 받는다.

아원에서 1997년 한 해 동안 봉사하기도 했다.

이제 제이미는 두 가지 비전을 품게 되었고, 그게 삶의 목표가 되었다. 첫째는 각 나라들을 발전시키기 위해 아이들을 돕고 각 나라의 원주민 지도자들을 후원하는 기독교 단체, 곧 회복 사역을 펼치는 비영리 단체를 세우는 것이다. 제이미의 초기 사역은 루마니아 서북부의 오라데아Oradea에 위치한 호프하우스 고아원Hope House Orphanage 신축 건물을 짓기 위한 모금 운동이었다. 이는 우리 사회 각 분야에서 깊은 관심을 기울일 만한 가치가 있는 일이었다.

그런데 제이미의 두 번째 주요 목표는 대개 우리 사회가 갖고 있는 어떤 관점에서는 납득하기 어려울 수도 있겠다. 그것은 바로 매일 아침마다 4살과 6살짜리 동생들을 홈스쿨링으로 가르치는 일이었다. 제이미에게 이런 방법으로 가족을 돕는 것은 매우 소중한 부분이다. 특히 아내는 이 부분을 더욱 높게 평가했다. 물론 제이미의 장래를 위해서도 유익한 일이다.

이른 나이에 사회생활 경험을 쌓은 제이미는 흔히 20살짜리에게 기대되는 것을 뛰어넘어 훨씬 많은 것들을 자기 인생에서 성취하고 싶어 했다. 궁극적으로는 자기 아이들을 양육하는 멋진 홈스쿨 어머니가 되기를 원했다. 그런 제이미에게 어린 동생들을 가르치는 경험이야 말로 이와 같은 역할을 수

행하기 위한 가장 멋진 준비 과정이다.

가르치면서 배운다

물론 모든 홈스쿨 자녀들이 제이미와 같은 목표를 가진 것
은 아니다. 모든 홈스쿨 학생들은 어린 동생들을 가르치는 일
을 도우면서 여러 유익을 얻을 수 있다. 또 고등학생 나이가
되어야만 홈스쿨링을 도와줄 수 있는 것도 아니다.

내가 5학년이었을 무렵 우리 반에서 읽기를 가장 잘하는
친구들 서너 명은 읽기를 어려워하는 친구들을 도와주라는
숙제를 받았다. 선생님이 우리에게 주신 숙제는 다른 사람들
에 대한 인내와 이해력을 키울 수 있도록 나를 성장시켜 주
는 경험이었다. 그 숙제를 하면서 성품 자질과 읽기 모두를
갈고닦을 수 있었기 때문이다.

나이 많은 홈스쿨 학생들은 자기보다 어린 형제들의 철자
시험을 치거나, 플래시 카드로 수학 문제를 연습하거나, 함께
악기 합주단을 만들거나, 캘리그라피 같은 기술을 가르칠 수
있다. 큰딸 케이티는 특히 운동에 능숙했는데, 어린 동생들의
관심사에 맞춰 게임과 체육 활동을 계획하기도 했다.

나이 많은 자녀가 동생들을 도와줄 때에는 적어도 세 가지
긍정적인 유익이 있다. 첫째, 어린 동생들에게 필요한 학문적
인 도움을 줄 수 있다. 둘째, 과로에 시달리는 홈스쿨 어머니

들에게 휴식과 충전의 기회가 된다. 셋째, 나이 많은 자녀들에게는 창의성과 성품 등 여러 면에서 발전이 이루어진다.

제이미가 십대 초반이었을 때부터 이미 어린 동생들을 가르치고 많은 도움을 주었다는 것에 대해 어떤 사람도 놀라지 않을 것이다. 또 지구 반대편에 고아원을 세우겠다는 비전과 끈기 있는 성품도 갑자기 생겨난 게 아니다. 그것은 수년 동안에 걸친 훈련과 섬김의 결과였다.

아이들을 또래 집단으로 묶어 놓고 어른들로부터 섬김과 대접을 받아야 한다고 말하는 일반 공교육 제도에서는 이런 훈련을 받을 기회가 없다. 오히려 홈스쿨링에서는 자녀들에게 섬기는 종의 마음을 불어넣을 수 있는 기회가 더 많이 생긴다. 만약 어떤 아이가 대가족인 홈스쿨 가정에서 성장한다면 다른 사람을 섬기는 법을 자연스럽게 배울 수 있는 바탕이 다져지게 된다. 또 대가족이 아니라 해도 다른 가정의 어린 동생들을 가르치는 일로 섬김으로써 그러한 자질을 얼마든지 배울 수 있게 된다.

어떤 홈스쿨러들은 가정교육에서 성취한 학문적 성공을 자랑할 수도 있을 것이다. 반면 나는 가정교육에서 얻는 가장 커다란 유익은 다른 사람들의 필요를 섬기는 법을 배우는 데서 길러지는 성품이라고 믿는다.

하나님이 우리 자녀들의 이야기를 써 가신다

1996년 즈음 나는 소설을 쓰고 있었다. 이 원고가 출판될수 있을지 확신은 없었다. 그 이후로 B&H 출판사에서 내 소설 가운데 3편을 실제로 출판했다. 가장 최근 작품은 『아이들을 금하지 말라*Forbid Them Not*』이다.

내 소설에는 흥미를 돋우는 인물들, 곧 좋은 사람, 나쁜 사람, 좋은 법률가, 나쁜 법률가 등이 여럿 등장한다. 어떤 사람들은 나쁜 법률가라는 표현이 다소 지나치다고 생각할지도 모른다. 실은 그 사람들의 인생을 교묘하게 조작해 놓기도 했다. 글을 쓰기 전부터 줄거리를 구성하는 플롯을 미리 구상해 놓기는 했지만, 막상 작업을 진행하면서 세세한 설정을 대부분 새롭게 만들어냈다. 절반쯤 썼을 즈음, 몇몇 날짜를 잘못 계산했다는 사실을 깨달았다. 그래서 처음으로 다시 돌아가 전체 소설 속에서 일어나는 사건들을 모두 7일 정도 일찍 일어나는 것으로 조정하기도 했다.

완전하신 하나님의 섭리

그 무렵, 하나님의 성품에 관해 숙고하게 된 사건이 나에게 일어났다. 하나님은 모든 인간사人間事를 연출하신다. 이 원리를 개개인에게 적용하면 하나님은 우리 각자 삶에서 크고 작은 사건들을 모두 주도적으로 연출하신다는 의미다. 또한 우리 삶에서 일어나는 사건들을 개별적으로 연출하실 뿐만 아니라 이 땅의 모든 인생 가운데 일어나는 온갖 세세한 일들을 서로 밀접하게 연관시켜 주신다. 마치 수십억의 등장인물이 나오는 대하소설처럼 말이다. 또한 모든 것들을 완전한 질서 가운데 붙잡고 계신다. 하나님은 절대로 이렇게 말씀하실 필요가 없다.

"아이쿠, 처음으로 돌아가서 모든 사건을 7일 뒤로 되돌려 놓아야겠어. 뭘 좀 착각했단 말이야."

아무리 뛰어난 인간이 존재한다고 해도 하나님이 그보다 얼마나 더 현명하신지를 이해한다면 우리는 겸손해질 수밖에 없다. 특히 소설에 등장하는 겨우 몇 명의 캐릭터들을 제대로 설정하는 것도 쩔쩔매는데, 실제 인간사를 아무 흠도 없이 완전하게 써나가시는 하나님의 능력과 비교해 볼 때 더욱 그렇다.

우리 자녀들에게는 하늘 아버지가 계신다

홈스쿨 부모로서 우리 삶에 이 원리를 한 번 적용해 보자. 어떤 의미에서 우리 자녀들을 양육하는 행위는 각자 이야기를 써나가는 작업과 비교될 수 있다. 우리는 자녀들에게 훈련과 경험을 제공하여 주님과 가정과 교회와 나라를 섬기기에 합당한 사람으로 만든다. 우리는 수천 가지의 세세한 사항들을 조정하고 배치하면서 그 모든 것들이 우리 자녀들을 위해 합력하여 선을 이루기를 소망한다.

아내와 내가 그랬던 것처럼 여러분들도 자녀들을 위해 완벽한 계획을 세우기는 어렵다는 사실을 알 것이다. 또 우리가 아무리 자녀들을 위한 최선의 계획을 세운다고 해도 항상 완벽하게 실행되는 것도 아니다. 만약 자녀들의 안녕이 오직 우리에게 달려있다면 벌써 엉망진창이 되었을 것이다. 그래서 처음으로 되돌아가 이야기의 여러 부분들을 원상태로 되돌리고 완전히 새롭게 시작해야 할지도 모른다.

"어떤 홈스쿨러들은 가정교육에서 성취한 학문적 성공을 자랑할 수도 있을 것이다. 반면 나는 가정교육에서 얻는 가장 커다란 유익은 다른 사람들의 필요를 섬기는 법을 배우는 데서 길러지는 성품이라고 믿는다."

자녀를 양육하는 일은 매우 복잡한 분투의 과정이다. 그것은 너무 복잡하여 어떤 사람이라도 완벽하게 수행하기란 매우 어렵다. 그런데 좋은 소식은 우리 자녀들에게는 또 다른 부모가 있다는 사실이다. 우리 자녀들에게는 하늘 아버지가 계셔서 그 인생의 온갖 세세한 사건들까지도 감독하고 계신다. 주권자이신 하나님은 우리에게 자유로운 선택권을 허락하시지만, 항상 모든 세세한 사항들에 대해서도 전적인 권위를 행사하고 계신다. 하나님이 어떻게 그 모든 일들을 일일이 파악하고 감당하고 계신지를 사람인 우리가 이해하기는 어렵다.

소설로 다시 돌아가자면 겨우 200쪽에 불과한 소설을 쓰면서도 자꾸만 다시 처음으로 되돌아가서 설정을 재구성할 필요도 없을 만큼 전체 줄거리를 완벽하게 짤 수 있을 정도로 나는 그리 똑똑한 사람이 못된다. 단지 나는 실제로 누가 온 세상을 책임지고 있는지를 깨닫기에 충분할 정도로만 똑똑하기를 바랄 뿐이다. 온 우주의 하나님에게 날마다 이야기하기에 적절한 시간을 보낼 수 있기를 소망할 뿐이다. 그 하나님은 나와 우리 자녀들을 사랑하시며 우리 인생 가운데에서 일어나는 모든 세세한 일들이 우리에게 최선인 동시에 그분의 영광을 위하여 사용되기를 바라시는 분이기 때문이다. ❧

4장

완벽한
홈스쿨 어머니가 아니어도
괜찮다

사랑과 자비로 훈계를 실시하면서도 오직 옳은 것만을 일방적으로 강조한다면 그건 너무 교묘하고 혹독한 요구이며, 너무 어려워서 부모 또한 어떻게 할 수 없는 기준이다. 아주 능숙하고 신속하게 올바른 길을 파악하도록 요구하는 상황 속에서는 오직 하나님만이 우리에게 어느 길로 나아가야 할지 깨닫도록 지혜를 허락해 주실 것이다.

✻

완벽한 홈스쿨 어머니

    미국 홈스쿨링 잡지 표지에 13명이나 되는 자녀들이 모두 근사하게 차려입고 찍은 가족사진을 본 적이 있는가? 「티칭 홈The Teaching Home」이나 다른 홈스쿨링 잡지에서도 가끔씩 볼 수 있는 장면이다. 아이들은 저마다 단정하게 손질한 머릿결에 12명의 딸들은 다소 긴 머리에 어울리는 리본을 매고 있으며, 아들은 마치 결혼 케이크 꼭대기에 올려놓은 꼬마 신랑 같은 차림새다. 아이들 치아도 깔끔하고 집안도 말끔하다. 실제 아이들 모양새는 서로 잘 어울릴 뿐만 아니라 심지어 주방 벽지와도 잘 어울린다. 게다가 식탁에 놓인 그릇들마저 반짝반짝 빛난다.

    아버지는 성경을 들고 식탁 중앙에 앉아 있는데, 지금까지 당신이 보았던 어떤 성경보다 한 뼘은 더 두꺼워 보인다. 아버지는 어머니에게 시선을 맞춘 채 자상한 미소를 머금은 눈길로 서로 쳐다본다. 이러한 표정은 굳이 말로 표현하지 않더라도 아내가 얼마나 복된 존재인지를 충분히 보여준다. 이 어머니는 자신감으로 가득 차 있는 모습이다. 사진에서는 아이의 뒤쪽에 살짝 숨어 있기는 하지만, 그 미소 뒤에는 짙은 청색 카디건에 어울리게 머리를 흰 레이스의 리본으로 묶어서 등 뒤로 길게 늘어뜨린 모양새 등이 바로 모든 면에서 뛰어난 여인의 전형적인 모습을 보여준다.

잡지를 펼치면 거기에는 자세한 이야기가 펼쳐진다. 이 어머니는 로마 제국의 이야기, 3차 방정식이 포함된 대수학 문제, 원소 주기율표, 고전 히브리어로 쓴 시편 137편, 기계 조작 능력을 키우기 위해 레고 테크닉Lego Technic이나 이렉터 세트Erector Set* 조작 등을 아이들에게 가르치는 것까지도 능숙하게 해냈다. 또 12살짜리 아들은 손수 만든 머핀을 집집마다 방문해 팔아서 매년 1,800달러 정도를 벌어들였다. 그 수익금의 절반을 지역 노인복지센터에 기부했다. 게다가 이 아들과 12명의 딸들은 매주 수요일 오후에 하프, 피아노, 바이올

＊ 레고 테크닉은 1977년부터 기계장비나 로봇의 가동을 재현하는 시리즈로 출시되었으며, 레고를 기계적으로 움직여 볼 수 있도록 만든 교육적 기능의 완구다. 이렉터 세트는 어린이를 위한 교육용 조립 완구로서 영국에서 만들어진 어린이용 기계 키트인 메카노(Meccano)를 우리나라 제일과학에서 "과학상자"라는 이름으로 유사한 제품을 출시하기도 했다.

린, 오보에 등을 연주하면서 찬양을 부른다. 그 이후에는 각자 어와나AWANA* 주간 프로그램에 따라 12개의 성경 구절을 암송한다.

이 어머니는 절대로 일반 교재를 사용하지 않는다. 오직 150년이나 된 출판물의 원본만 사용한다. 책은 대부분 고전 헬라어로 되어 있다. 9살짜리 딸이 전국철자법대회National Spelling Bee에 참가할 자격을 얻었지만, 어머니는 조금도 신경 쓸 필요가 없다. 왜냐하면 15살짜리 언니가 3년 전에 전국대회 우승자였기 때문이다. 그야말로 이 여성은 완벽한 홈스쿨 어머니다.

홈스쿨 어머니들을 사로잡는 두려움

그런데 거의 모든 홈스쿨 어머니들은 이 사람을 쏙 빼닮은 것처럼 보인다. 오직 당신만 빼고 말이다. 헌데 나는 우연히 잡지사 직원으로부터 몇 가지 내부 비밀 정보를 얻게 되었다. 이런 잡지의 표지에는 대부분 그럴듯한 아르바이트 모델을

＊ 어와나는 "부끄러울 것이 없는 인정된 일꾼(Approved workmen are not ashamed)"이라는 뜻으로 영어 성경(KJV)의 디모데후서 2장 15절의 첫 글자를 따온 이름이다. 1940년대 미국 시카고에서 아트 로하임에 의해 시작되었으며, 말씀 암송과 게임을 통해 다음 세대를 훈련하는 제자 훈련 프로그램으로 구원과 훈련을 목표로 한다. 자세한 내용은 한국어와나 웹사이트(awanakorea.net)에서 확인할 수 있다.

사용하며, 그 가족들의 이야기 또한 촉망받는 작가들에 의해 창작된 기사라는 것이다!

완벽한 홈스쿨 어머니는 단지 당신의 열정과 자신감에 상처를 내기 위한 목적으로 지어낸 신화일 뿐이다. 어쩌면 그런 잡지들은 홈스쿨 가정들을 돕는다는 미명 아래 홈스쿨 가정들의 희망과 두려움을 대상으로 삼아 본보기를 만들고 상업적 거래에 나서는 것일 수 있다. 또 만약 완벽한 홈스쿨링 어머니에 대한 신화가 그다지 현실감 있게 다가오지 않는다면 완벽한 공립학교 교사에 대한 이미지도 마찬가지일 것이다.

예를 들어, 완벽한 선생님도 역시 그저 아무렇게나 가르치지 않는다. 학습 내용을 더욱 풍요롭게 만들기 위해 다양한 멀티미디어를 활용하고 입체적으로 수업 교안을 준비한다. 물론 공립학교라는 제도 안에 갇혀 있고 연방법원의 명령에 따라 적극적인 방식으로 하나님에 대해 언급할 순 없지만, 사실 이 선생님은 최고의 기독교 대학을 졸업한 재원인 데다 당신이 출석하는 교회의 멋진 그리스도인이기도 하다. 그래서 간단한 성품 과목에서는 성경 이야기를 교묘하게 위장하여 가르치기도 한다. 이 선생님의 수업은 질서정연하다. 당신의 자녀는 마땅히 알아야 할 모든 것들을 이 선생님의 수업을 통해 확실히 습득하게 될 것이다.

이런 신화적인 가공의 인물들로 말미암아 홈스쿨링 어머

니들이 사로잡혀 있는 두려움은 도대체 무엇일까? 그것은 바로 자기 자녀들이 기초적인 것들을 놓치고 있다는 두려움이다. 그러면 이 두려움은 현실적인 것인가?

만약 당신 자녀가 옳은 길로 가고 있다면 그것을 어떻게 알 수 있는가? 당신이 자녀를 망치고 있지 않다는 사실을 도대체 어떻게 확신할 수 있는가? '완벽'이라는 시험을 당하면서 홈스쿨 어머니들이 어떤 영역에서 실패하고 있다는 두려움에 사로잡히기 시작할 때 드러나는 몇 가지 쟁점을 한 번 살펴보자.

과연 내가 홈스쿨링을 제대로 하고 있는가?

이 커리큘럼으로 홈스쿨링을 해도 될까?

만약 주변에 홈스쿨 가정들이 있다면 분명 이런 이야기를 들었을 것이다.

"전통적인 홈스쿨링 Traditional Homeschooling* 방식은 아니라고

✽ 전통적인 홈스쿨링은 '재택 학교'라고도 부른다. 이는 학교의 환경을 집으로 그대로 가져오는 것인데, 대부분 익숙한 교육 모델이기 때문이다. 교과서, 책상, 게시판 등 학교 환경을 모방하고 수업 형태도 학교처럼 강좌 형태로 진행할 뿐 아니라 교과과정도 공교육의 시스템을 그대로 적용하는 방식이다.

생각해요. 우리는 홈스쿨링을 제대로 할 필요가 있어요."

이 말은 왠지 조금 불쾌하게 느껴지기도 한다. 솔직히 말해서 이렇게 말하는 사람들은 자기가 무슨 말을 하고 있는지 모를 수도 있다. 왜냐하면 그 사람들은 이런 이야기도 종종 하기 때문이다.

"홈스쿨링을 하는 데 있어서 절대적으로 옳고 유일한 방법은 없습니다."

물론 이 말이 틀리지 않다고 생각한다. '가정에서 하는 학교School-at-Home'를 무엇이라고 부르든지 간에 홈스쿨링을 하는 데 있어서 절대적인 것은 결코 없다. 고전적 홈스쿨링Classical Homeschooling을 하든, 샬롯 메이슨 홈스쿨링Charlotte Mason Homeschooling을 하든, 몬테소리 홈스쿨링Montessori Homeschooling을 하든, 아니면 언스쿨링Unschooling을 하든 가정마다 적절한 방법을 찾으면 된다.

어떤 어머니들은 '살아 있는 책Living Books'*이 아니라 공교육 교과서를 교재로 사용하고 있다는 사실에 죄책감을 느끼기도 한다. 다른 어머니들은 일괄적으로 구입 가능한 커리큘

✻ '살아 있는 책'은 19세기 후반 영국의 교육자 샬롯 메이슨(Charlotte Mason)에 의해 만들어진 용어다. 교과서는 압축된 편집물로서 건조한 정보만 전달하지만, 책은 감정과 아이디어가 가득 찬 것으로서 살아 있는 책을 통해 자녀들에게 풍부한 지성과 감수성을 끌어내고, 배움의 열정과 즐거움을 줄 수 있다고 말한다. 자세한 내용은 『살아 있는 책으로 공부하라』(캐서린 레비슨, DCTY)를 참조하라.

럼*을 사용하는 방법밖에 모른다고 말한다. 행여나 어떤 홈
스쿨링 '전문가'라고 하는 사람이 지금 당신이 진행하고 있는
홈스쿨링 방식이나 앞으로 진행하고 싶어 하는 홈스쿨링 방
식에 대해 죄책감을 느끼게 만든다면 비장의 무기를 하나 알
려주겠다. 그 홈스쿨링 전문가가 아무리 전문적인 지식을 갖
추었다 해도 얼마든지 그 주장을 반박할 수 있다. 이처럼 강
하게 말하는 이유는 어떤 전문가라 해도 당신의 홈스쿨링 방
식에 대해 과소평가할 권리가 전혀 없다는 점을 확신시켜 주
려는 의도다.

〈에듀케이션 위크Education Week〉는 미국에서 가장 규모가 큰
교육 관련한 뉴스 매체다. 〈에듀케이션 위크〉에 따르면 20세
기 교육 분야의 최고 인물 100명 중에 필자를 꼽았으며, 홈스
쿨링 지도자 가운데 유일하게 선정되었다. 이렇게 자랑을 늘
어놓는 이유는 이로 인해 나에게도 나름 '권위'라는 게 생겼
기 때문이다. 오직 당신을 위해서만 쓸 수 있는 이 권위라는
무기를 사용하여 한 번 말해 보겠다.

✳ 아베카(abeka), 밥 존스(Bob Jones), ACE(Accelerated Christian Education),
알파 오메가(Alpha Omega), SOT(School of Tomorrow), CLP(Christian Liberty
Press), ATI(Advanced Training Institute), 위버 커리큘럼(Weaver Curriculum),
알타비스타 커리큘럼(Alta Vista Curriculum), 코너스톤 커리큘럼(Cornerstone
Curriculum), 로고스(Logos Press) 등 영어권의 홈스쿨 교재는 상당히 많다. 그러
나 우리나라에서 개발된 홈스쿨 교재는 거의 없다. 각 커리큘럼에 대한 간단한 소개
는 꿈을 이루는 사람들 출판사의 블로그(blog.naver.com/okto3)를 참조하라.

"당신은 얼마든지 자신이 원하는 대로 무슨 커리큘럼이든 자유롭게 활용하여 홈스쿨링을 진행할 수 있다. 기본적인 것들을 가르치기에 매우 부적합하지만 않다면 괜찮다. 그 커리큘럼이 반드시 완벽해야 할 필요는 없다. 커리큘럼을 선정하는 과정에서 가장 중요한 것은 바로 이것이다. 당신이 그 커리큘럼을 사용하기에 쉽고 편리한가? 만약 그 커리큘럼이 어머니의 입장에서 쉽지 않다면 구입을 보류하라."

어머니 혼자 모든 것을 다 할 수 없다

물론 당신이 무엇을 원하는지 잘 알고 있다. 권위자로서 나의 조언에 감사하기는 하지만, 이 말을 입증할 만한 더욱 실제적인 이유와 합리적인 근거를 바랄 것이다. 대부분 그리스도인들은 자신이 홈스쿨링을 하는 궁극적인 이유를 영적인 것이라고 생각한다. 그렇다고 해서 자녀들이 학문적으로 잘하는 것을 원하지 않는다는 의미는 아닐 것이다. 이는 우선순위에서 균형을 잃지 않고 영적인 문제를 먼저 생각한다는 뜻이라고 믿는다.

핵심적인 영적 목표는 당신의 신앙을 한 세대에서 다음 세대로 전달하는 것이다. 우리 자녀들에게 하나님을 사랑하라고 가르치는 것은 여러 문장을 도식화하도록 가르치는 것보다 훨씬 더 중요하다. 또한 하나님은 우리 자녀들이 그분을 사랑하도록 가르치는 가장 좋은 방법으로 아이들과 함께 보내는 시간을 지지하신다는 것도 잘 알고 있다. 이에 대해서는 신명기 6장을 한 번 읽어보기를 권한다.

당신은 모든 것을 혼자서 다 할 순 없다. 그것은 단순히 홈스쿨링을 더 잘 계획하고 조직하는 문제가 아니다. 무엇이든 혼자서 전부 책임지기는 어렵다. 우리에게는 결코 하루 29시간이 있는 게 아니며, 심지어 더 많은 시간이 있다 해도 모든 것을 다 감당하기에는 부족하다. 자녀들에게 제시할 수 있는 흥미로운 아이디어들은 수없이 많다. 매우 훌륭하고 잘 쓰여진 교재와 책들도 많다. 이 많은 교재나 커리큘럼 가운데 어느 것이 최선인지는 단지 견해차에 관한 문제일 뿐이다.

당신이 엄청난 시간과 발품을 들여서 찾을 수 있는 것보다 더 많은 훌륭한 선택들이 존재한다. 그러므로 당신의 인생 가운데 어느 영역에서 가장 최선보다 못한 차선이라 해도 기꺼이 선택하고 결정해야 한다. 당신은 지금까지 존재했던 모든 사람들 가운데 가장 훌륭한 홈스쿨 어머니, 가장 훌륭한 아내, 가장 훌륭한 성경공부 교사, 가장 훌륭한 교회 피아노 반주자, 가장 훌륭한 전도자, 가장 훌륭한 요리사이자 가정주부가 동시에 다 될 수는 없다.

분별력 있는 어머니의 가르침

당신에게 있어서 어느 영역이 가장 중요한지 결정하고 당신이 소유한 자원과 시간들을 그 영역에 더 많이 집중해야 한다. 예를 들어, 어머니가 된다는 것은 높은 우선순위이지만 그렇다고 해서 반드시 가장 높은 우선순위가 되어야 할 필요는 없다. 남편에게 더 높은 우선순위를 두어야 할 필요도 있다. 이 말은 하루를 보내는 동안 당신이 자녀들보다 남편을 돌보는 일에 더 많은 시간을 투자해야 한다는 의미가 아니다. 오히려 자녀들과 보내는 시간을 조금 줄이는 대신 밤에 남편과 함께 시간을 보낼 정서적인 여유를 좀 더 남겨두라는 뜻이다.

만약 이것이 샬롯 메이슨 교육 방식에서 말하는 '살아 있는 책'으로 구성된 그럴싸한 커리큘럼보다 시중에서 일괄적으로 구입 가능한 커리큘럼으로 가르친다는 의미라면, 그냥 커리큘럼 세트를 사용하면서 남편과 함께하는 시간을 더 많이 가지도록 자신에게 양보하라는 것이다.

또 만약에 '살아 있는 책'처럼 직접 만든 커리큘럼을 선택함으로써 거기에 온통 시간을 할애하다 보니 당신이 성경을 읽고 묵상할 시간이 부족해져서 자신뿐만 아니라 자녀들에게도 그에 따른 영적인 여파가 고스란히 미친다고 가정해 보자. 그렇다면 좀 더 쉽게 사용할 수 있는 커리큘럼을 구입하는 것도 고려해 볼 만하다.

또 홈스쿨링 모임에 참여하여 활동하면서 풍성한 나눔이 이뤄지기는 하지만 오히려 자녀들에게 부모의 가치를 전달해야 할 시간들을 빼앗기게 된다면 과감히 외부 모임을 자제하는 것이 맞다. 자녀들에게는 홈스쿨 모임에서 만나는 친구들보다 분별력 있는 어머니의 가르침이 더 필요하다. 이 말이 무슨 뜻인지 이해가 된다면 아마도 냉장고에 포스트잇으로 써서 붙여두고 날마다 상기해도 좋을 것이다.

현재 나는 2000년에 설립된 기독교 대학이자 최초의 홈스쿨 대학인 패트릭 헨리 대학Patrick Henry College의 총장직도 맡고 있다. 우리 대학에는 홈스쿨링을 통해 배출된 똑똑한 수재들이 많이 입학했고, 이로 말미암아 미국 내에서 많은 명성을 얻었다. 우리 대학에 입학한 학생들 가운데 많은 어머니들은 시중에서 일괄 구매 가능한 커리큘럼 세트를 사용해서 홈스쿨링을 진행해 왔다고 했다.

많은 어머니들이 '가정에서 하는 학교'를 운영했다. 그리고 이 가운데 고등학교 과정에서 라틴어나 헬라어를 가르친 학부모들은 거의 없었다. 심지어 대학 입학식과 오리엔테이션 주간에 세련되고 잘 어울리는 옷을 갖춰 입고 나타나는 가족을 본 적도 없다.

학문적 성공은 가르치는 부모의 개인적인 분별력과 밀접

한 연관이 있다. 성공적인 어머니들은 자기 자신과 아이들을 위한 실질적인 우선순위를 세워 둔 행복한 어머니들이었다.

내가 제대로 학문적인 우선순위를 다루고 있는가?

지금까지 이야기한 내용에 비추어보자면 이 질문에 대한 답변은 다양한 견해차가 발생할 수도 있다. 물론 단지 나의 개인적인 의견일 뿐이다. 다른 사람들의 견해를 들어볼 필요가 있으며, 그를 통해 당신의 가정에 가장 적합한 결론을 내리길 바란다. 가정 교육에 대한 나의 철학은 '어머니의 분별력을 제대로 지켜 주자'는 것인데, 내 의견도 이와 일치한다. 곧 자녀들이 매우 다양한 영역을 공부하게 되더라도 중요한 두 가지 과목에 대해서는 능숙해져야 한다는 입장이다.

언어의 통달은 배움의 기본이다

첫 번째 과목은 국어라는 언어 영역이다. 여기에는 읽기, 맞춤법, 문법, 쓰기 등이 포함된다. 때때로 이것을 언어 기술 Language Arts로 부르기도 한다. 누구든 읽고 쓸 줄 아는 능력을 먼저 숙달하지 않고서는 다른 과목을 제대로 배울 수 없기 때문이다.

요즘 대체로 아이들은 발음 중심의 어학 교수법인 파닉스 phonics를 집중적으로 공부함으로써 읽는 법을 배운다. 무엇보다 영어에서 문자들은 소리를 만들어낸다. 아이들은 그러한 소리를 듣고 해독하는 법을 배워야 한다. 이에 더해 글을 쓰는 법에 대해서도 배워야만 한다. 맞춤법과 문법은 훌륭한 글쓰기의 기본 구성 요소라고 할 수 있다. 시중에 나온 교재 가운데 우리 가정 같은 경우에는 「아베카 문법책abeka grammar books」이 자녀들을 가르치는 데 가장 탁월했다.

문법을 알고 단어 철자를 암기하는 것만으로는 충분치 않다. 자녀들이 실제로 글을 쓰는 방법에 대해 배워야 한다. 글쓰기에 관한 한 내가 알고 있는 최고의 격언은 이것이다.

좋은 글을 많이 읽어라. 그리고 많이 써보라.

개인적으로는 우리 아이들에게 C. S. 루이스의 「나니아 연대기Chronicles of Narnia」를 여러 차례 큰 소리로 읽어 준 이후로 나의 글쓰기 능력이 가파르게 성장했다고 생각한다. 루이스는 마치 노래 부르듯 명확한 산문으로 글을 쓰는 작가다.

큰소리로 글을 읽는 것의 유익에 관하여서는 「곤자가 법률 리뷰Gonzaga Law Review」의 편집자가 되면서부터 아주 많이 배울 수 있었다. 크게 소리를 내어 읽는 것은 원고 교정을 위한 숙독에 가장 좋은 방법이었다. 심지어 패트릭 헨리 대학의 학생들에게도 이와 같은 방법을 추천한다. 크게 소리를 내어 논문을 읽는 것은 눈으로만 읽다 보면 그냥 스쳐지나갔을 법한 오류를 잡아내는 데서도 가장 효과 있는 방법이었다. 자녀들이 홈스쿨링을 끝낼 무렵에는 언어에 완전히 통달해 있어야 한다. 이것은 배움에서 매우 기본적인 부분이다.

수학은 외부의 도움을 받는 것도 고려해 보라

언어와 더불어 숙달해야 할 또 다른 과목은 수학이다. 수학은 과학 세계를 이해하기 위한 언어이지만, 비즈니스를 비롯한 다른 많은 영역에서도 강력한 영향을 끼친다. 수학은 늘 홈스쿨 학생들이 공립학교 학생들보다 더 나은 결과를 내지 못하는 영역이기도 하다.

홈스쿨 학생들은 수학 초기 단계에서 매우 잘하긴 하지만, 상위 단계로 올라갈 즈음에는 공립학교 학생들보다 단지 조금만 앞설 뿐이다. 물론 모든 학생들이 미적분을 공부할 필요는 없다고 해도 대수학1과 대수학2 그리고 기하학까지 체계적으로 공부하는 것은 중요한 기본이다.

수학은 대다수 학부모들에게도 쉽지 않으므로 외부 도움을 받는 것도 고려해 볼 만하다. 아버지가 어머니를 대신해 좀 더 높은 수준의 수학을 담당할 수도 있다. 우리 가정에서는 아내가 고등학교 과정의 수학을 가르치는 게 나았고, 나는 문학을 가르치는 것을 더 좋아했다. 학생들은 이런 고민을 해결하기 위해 교육방송이나 인터넷을 통해 온라인으로 수학 과정을 수강할 수도 있다.

지속적으로 노출시켜야 할 과목

수학과 언어는 자녀들이 홈스쿨링을 하는 동안 반드시 체계적으로 숙달해야 할 유이한 과목이다. 물론 이 두 과목만이 공부해야 할 전부는 아니다. 그래도 이 두 과목은 매년마다 홈스쿨 커리큘럼에 반드시 들어가야 할 필수 과목이다. 다른 과목들은 얼마나 노출시키느냐에 관한 범주라고 할 수 있다. 이처럼 역사, 사회, 문학, 과학, 미술, 음악 등은 선택 과목이다.

그럼에도 이 과목 가운데 어떤 것들은 매우 중요하다. 자녀들이 고등학교 과정을 마치기 전에 이 모든 과목을 다 끝내지 못할 수도 있다. 언어와 수학은 배움을 위한 연장과 같은 것이기 때문에 늘 사용할 수 있도록 충분히 연마해 두어야만 한다. 반면 역사, 사회, 문학, 과학, 미술, 음악 등은 배움의 실체들이다. 누구든 이 과목들을 두루 완전히 끝내지 못한 채 어떤 분야 하나에만 일평생 동안 몰두할 수도 있다.

완전히 숙달하는 것mastery과 지속적으로 노출하는 것

exposure 사이의 이러한 구분은 당신에게 분별력을 유지하도록 도와줄 것이다. 예를 들어, 역사와 과학을 자녀들이 제대로 숙달하도록 해야겠다고 생각한다면 실패할지도 모른다. 이런 과목들을 유익하고 깊이 있게 노출시켜서 자녀들로 하여금 친숙해지도록 만든다면 오히려 성공할 수 있다.

노출을 돕는 스토리텔링

내 생각에는 스토리텔링이 이런 과목들을 살아 있게 만든다고 믿는다. 익숙하지 않은 과목이었지만 재미있는 이야기를 들었던 학생은 그 과목 전체에 대해 활발하게 공부할 가능성이 좀 더 높다.

예를 들어, 여전히 명작이라고 할 수 있는 두 소설『두 도시 이야기_A Tale of Two Cities_』와『별봄맞이꽃_Scarlet Pimpernel_』은 프랑스 혁명을 공부하는 데 커다란 흥미를 갖게 만들 수 있다. 또 데이비드 맥컬로프_David McCullough_가 쓴 위인전인『존 아담스_John Adams_』를 읽었던 사람이라면 미국 건국의 아버지들이 살았던 시기를 이해하고 공부하고 싶어질 것이다. 특별히 이 책은「연방 규약_Articles of Confederation_」으로부터 헌법을 개정하는 것이 왜 중요한지 이해하게 만드는 탁월한 책이었다.

좀 더 어린 자녀들이 1759년부터 1800년까지 미국 역사를 이해하기 위해서는『왜 미국은 자유로운가?_Why America Is Free?_』

가 지금까지 내가 발견한 책 가운데 최고라고 할 수 있다. 이 때는 미국 역사상 가장 중요한 시기였다. 이 책은 매우 흥미로운 구성 방식으로 어린이들뿐만 아니라 어른들에게도 호소력 있게 이야기를 전해 준다.

내가 좋아하는 또 다른 책은 벤슨 보브릭Benson Bobrick이 쓴 『물결처럼 넓은Wide as the Waters』이다. 이 책에는 영어 성경을 번역하여 일반인들의 손에 들려준 위클리프와 틴데일을 비롯한 용기 있는 사람들의 놀라운 이야기가 담겨 있다. 만약 일반인들에게 영어 성경이 전달되지 않았다면 미국의 독립은 결코 가능하지 않았을 것이며, 지금 우리가 알고 있는 자유로운 세상은 결코 존재하지 않았을 것이라는 이야기를 들려준다.

영국 왕들의 이름과 연대를 일일이 암기하려고 애쓰기보다 『물결처럼 넓은』이라는 책을 정독하는 것이 영국 군주제를 이해하는 데 훨씬 더 많은 지식을 얻게 만들 것이다. 이 책을 읽고 나면 영국사를 더욱 입체적이고 종합적으로 공부하기가 훨씬 수월해진다. 왜냐하면 영국사를 공부하는 학생이 이 책을 통해 이미 기본적인 이야기의 흐름을 머릿속에 그리고 있기 때문이다.

각종 위인전과 자서전들은 자녀들을 역사에 노출시키는 데 매우 유용하다. 특히 저학년 자녀들에게 전기를 읽히는 것은 역사에 대한 노출을 돕는 첫걸음으로서 필수적이다.

초등 고학년부터 중고등 과정까지 아이들은 역사, 사회, 과학, 문학, 미술, 음악 등 폭넓은 이해와 노출이 필요하다. 이 중 지속적으로 책을 통해 이해시켜 주어야 할 과목도 있다. 그렇다고 자녀들이 구입하는 모든 책을 끝까지 다 읽어야 하는 것은 아니다. 어떤 과목은 그 내용에 푹 빠져 버릴 정도로 재미있어 스스로 관련된 책들을 찾아 읽는 경우도 많다. 이처럼 흥미를 좇아 한 분야에 대해 찾아 읽는 경우는 대부분 상당한 수준에 도달할 때까지 기다려야 한다. 어머니는 단지 문을 열어 주는 역할을 하는 동시에 자녀들이 포기하지 않고 계속 읽어나가도록 격려해 주어야 한다.

노출과 통달을 구분하고 이해하라

우리 가정의 교육 목표 가운데 하나는 자녀들에게 올바른 시민의식을 준비시키는 것이다. 비록 당신의 학생들이 헌법에 익숙하지 않고 어려워할지라도 기본적인 내용을 이해시킬 필요가 있다. 고등학생 때에는 더더욱 그렇다. 우리 가정의 두 큰딸이 고등학생이 되었을 때 헌법을 해설해 주는 적절한 책을 찾을 수 없어 결국 내가 직접 써서 출판했다. 다른 사람들도 나와 같은 어려움을 겪지 않도록 하기 위해서다. 『기독교인 학생들을 위한 헌법 강론*Constitutional Law for Christian*

Students』이라는 책의 목적은 헌법에 통달하는 것이 아니라 노출이다.

홈스쿨 어머니들에게 당부하고자 하는 것은 노출과 통달을 구분하고 이해함으로써 당신이 좀 더 여유로워지기를 바란다. 자녀가 모든 영역에서 탁월해지도록 노력하라는 교육 태도가 학생에게 좌절을 안겨 줄 수도 있다. 물론 자녀들이 탁월해지는 것을 포기하려는 어머니들은 거의 없다. 다만 고려해야 할 것은 탁월함을 구성하는 데 있어서 균형 감각과 분별력을 키운다는 목표를 가지는 것이다. 모든 것을 통달하려고 애쓰기보다 적절한 목표를 세워 자녀가 적합한 탁월함을 키우도록 돕는 것이다.

정리하자면 언어와 수학처럼 진짜 기본적인 과목들은 통달하고 정복해야 한다. 하지만 다른 영역에 대해서는 다방면으로 골고루 노출시키는 것이 중요하다. 그렇게만 해도 자녀들은 충분히 탁월해질 수 있다.

마사 스튜어트*의 집처럼 정돈되지 않았다고 해서 내가 실패자인가?

아내는 자신이 쓴 책 『나와 같은 엄마*A Mom Just Like Me*』에서 이미 살림살이에 대한 부족함을 인정했다. 내가 퇴근해서 문을 열고 집안으로 들어가면 언제나 티끌 하나 없이 깔끔한 건 아니다. 학과 수업 때문에 바쁜 날에는 싱크대와 식탁에 그릇들이 산더미처럼 쌓여 있었다. 다 말라서 개야 할 빨래들도 건조대에 쭉 널려 있었다. 한 발짝씩 뗄 때마다 신발에는 무언가가 계속 밟혔다. 게다가 저녁 시간이 되면 어느 방을 가든 장난감들이 아무렇게나 널브러져 있었다.

그럼에도 우리 가족이 잠자리에 들 무렵에는 항상 설거지가 말끔하게 끝나 있었고, 온 집안도 깔끔하게 정리되어 있었다. 물론 어떤 가구들 위에는 여전히 뽀얀 먼지가 쌓여 있기도 하고 구석에서는 부스러기들이 뭉쳐 있기도 했다. 결론적으로 우리 집은 대개 전체적으로는 깨끗했지만, 그렇다고 인테리어 잡지에서 볼 수 있는 그런 완전한 모습은 아니었다.

집안이 정리되지 않았다 해도 정상이다

어떤 홈스쿨 가정에서도 잡지 사진 같이 정돈된 모습을 본 적이 거의 없다. 이렇게 완벽한 살림살이에 대해 이야기하자면 어떤 식으로든 많은 어머니들은 죄책감을 느끼고 무력해

✱ 미국 뉴저지 출신의 마사 스튜어트(Martha Stewart)는 기업인이자 요리, 원예, 수예, 실내 장식 등 생활 전반을 다루는 라이프 코디네이터로서 관련된 책을 많이 출판했다. 미국 가정주부들에게는 살림과 가정의 소중함을 일깨워 준 '살림살이의 최고 권위자'로 대표되는 인물이다.

지기도 한다.

홈스쿨법률보호협회에서는 해마다 홈스쿨링 활동가들을 향해 제기되는 많은 가정 소송 사건들을 맡았다. 이런 사건들을 조사하다 보면 많은 활동가들의 집에서 대부분 너무 지저분하고 관리를 하지 않는다는 혐의가 포함되는 것을 보게 된다. 몇몇 소송 사건에서는 그런 혐의가 구체적으로 포함될 만큼 심각했다. 다만 이런 경우는 7만 이상의 회원 가정 가운데 많아야 겨우 연간 5건 정도로 소수에 지나지 않는다.

만약 다음과 같은 부분이 해당된다면 당신에게 어떤 문제가 있을 수 있다.

- 집안에 잡다한 쓰레기를 모으는 일
- 며칠 동안이나 치우지 않아 쌓여 있는 그릇들
- 벌레와 곰팡이가 생길 때까지 오랫동안 내버려둔 음식물 찌꺼기
- 몇 주 동안 청소하지 않은 화장실
- 몇 달 동안이나 바꾸지 않은 침대보
- 정상적으로 일상생활을 영위하지 못할 정도로 어수선하게 널려 있는 잡동사니

만약 이런 일들이 우리 집안에서 벌어졌다고 생각하면 끔

찍해 하면서 움찔하게 될 것이다. 맞다. 그게 정상이다. 사실 모든 정상적인 가정에서는 가끔 침대가 아무렇게나 어질러져 있고, 설거지가 안 되어 있기도 하고, 장난감이 바닥에 이리저리 굴러다니고, 옷들은 침실 바닥에 아무렇게나 내던져져 있을 때가 많다. 만약 평소 낮 시간대에 그럭저럭 괜찮아 보인다면 그다지 세세하게 신경 쓸 필요는 없다. 다만 한 달에 한 번 정도 집안이 정리되는 정도라면 좀 더 신경 쓰는 게 맞을 것이다.

자녀도 가정 살림을 도울 수 있다

앞에서는 오직 당신의 정신적 안녕을 염두에 두고 이런 쟁점에 대해 이야기해 왔다. 자, 그런데 당신의 집안에는 가정환경에 대해 적절한 고려가 필요하고, 또 밀접하게 연관된 두 종류의 사람들이 있다.

첫째는 당신 자녀들이다. 자녀들은 당신을 돕는 일꾼이기도 하다. 당신은 매니저라는 점을 잊지 마라. 온 집안을 혼자서 이리저리 뛰어다니며 청소하기에는 너무 힘들다고 여겨질 때 자녀들이 당신을 도와서 청소에 뛰어들도록 하라. 분명히 말하지만, 대여섯 살 정도에 이르면 대다수 아이들은 청소를 실제적으로 도울 수 있다.

아내 비키는 외동딸이었다. 나는 세 명의 형제자매가 있지만, 우리 어머니는 열 명의 형제자매가 있었다. 장모님은 아내의 학창 시절 동안 대다수 시간을 살림살이에만 전념했고, 아내로 하여금 전적으로 학업에만 집중하도록 해 주었다. 그래서 우리가 결혼했을 때에는 아내가 살림살이에 대해 많은 영역에서 거의 경험이 없었다.

우리 어머니는 자녀들에게 가정 살림에 대한 경험과 참여를 독려하기 위해 종종 나와 형제자매에게 도움을 요청하셨다. 게다가 어머니는 다섯 번의 척추 수술에다 합병증까지 앓는 등 심각하게 몸이 안 좋았기 때문에 이래저래 자녀들의 도움이 필요했다. 자녀들로 하여금 더 많은 짐을 지도록 요구한 것이다.

아내는 자신이 경험했던 어린 시절 때문에 우리 가정의 자녀들에게 살림살이에 대한 과중한 업무를 떠맡기고 있다는 죄책감을 갖고 있다. 일평생 동안 내 마음에 스쳐간 모든 죄책감보다 더 많은 부담을 일주일 동안에 느끼게 되는 것이다. 물론 아내는 머리로는 죄책감을 가질 필요가 없다는 내 말에 동의하긴 하지만 여전히 가슴에서는 아이들이 더 많이 뛰어놀아야 한다고 생각한다. 사실 우리 아이들은 매일 많은 시간을 자유 시간과 놀이로 보내는데도 말이다.

감당하고 있는 일들에 대해 남편과 소통하라

남편도 역시 여러 가지 집안일을 도와야 하지만, 우선 남편으로서 가져야 할 자세를 이해하기 위해서는 내가 쓴 책『홈스쿨링을 시작하는 아버지가 꼭 알아야 할 것들 *The Homeschooling Father*』을 읽어 보도록 권해 보라. 물론 지금은 홈스쿨 어머니들에게 이야기하고 있지만, 아마도 당신은 남편의 도움을 거절하지는 않을 것이다. 집안일에 관하여 남편의 관점에서 살펴보도록 하자. 또 그것이 지금까지 내가 제시했던 조언들에 어떤 영향을 끼치는지도 한번 살펴보자.

솔직히 말해 남편의 기준이 당신의 집안 곳곳에 담겨 있어야 한다. 만약 당신이 남편에게 다른 사고방식을 고려하도록 돕기 위해 내가 말한 것을 그대로 보여주는 것도 괜찮다. 다만 지금 말하고 싶은 것은 남편이 그와는 다른 의견을 제시할 때에도 놀라지 말라는 것이다. 남편에게 모든 대안을 심사숙고해 보도록 요청한 뒤, 궁극적으로는 남편의 관점에서 가정의 기준을 정하도록 해야 한다.

아마 여기에서 말하는 세부사항들을 일일이 관여하려는 남편은 거의 없을 것이다. 대다수 남편들은 집안일을 생각할 때 큰 그림을 생각하는 경향이 많다. 그래서 모든 일이 대체로 잘 돌아간다면 이따금씩 일어나는 변화들은 어머니들에게 그다지 문제가 되지 않는다. 그러나 어떤 남편들은 지금까지 내가 설명한 것보다 훨씬 더 질서정연해질 필요가 있다고 느끼기도 한다. 만약 남편이 이렇게 생각한다면, 당신이 감당하고 있는 책임 수준에 대해 남편과 진지하게 대화해 보라.

많은 부부들과 대화해 보면 결혼 생활에서 자기 필요와 기대감에 대해 충분히 소통하려고 노력하지 않는 많은 가정들을 보고 놀랐다. 대화하면서 징징거리거나 투덜거리거나 협박할 필요가 없다. 단지 당신이 감당하고 있는 일에 대해 차분히 설명하면 된다. 또 마땅히 해야 할 일이지만 그것을 제때에 제대로 끝내는 것이 혼자 힘으로는 가능하지 않다고 생각하며, 그래서 적절한 우선순위를 정하기 위해서는 남편의 도움이 필요하다고 말하라. 당신이 충족되지 않는 기대감을 남편에게 전달했을 때 무엇을 먼저 포기해야 할지 남편이 스스로 이야기하도록 하라. 도와달라는 요청은 남편으로부터 합당을 반응을 불러일으켜야 한다. 남편에 대한 당신의 불만과 불평을 쏟아놓음으로써 단지 쓴 마음을 폭발시키는 것은 오히려 역효과를 일으키고 후폭풍을 낳을 뿐이다.

대부분 아내가 남편보다 더 많이 집안일에 대해 염려한다. 만약 당신이 티 하나 없이 깔끔하게 정돈된 집안을 만들기 위해 걱정하느라 자신에게 스트레스를 주고 있다면, 이제는 자기 자신에게 휴식을 주면서 완벽한 홈스쿨 어머니는 존재하지 않는다는 사실을 인정하라. 그리고 당신이 최고의 홈스쿨 어머니가 되어야 한다는 강박도 이제는 벗어버려라. 그래도 얼마든지 괜찮다.

만약 우리 자녀들의 행실이 바르지 못하다면?

이런 질문에 대해 짧은 글로 단순히 대답하는 것은 극히 위험하다. 왜냐하면 모든 상황에 두루 적용되는 해답을 제시하는 것은 각 상황마다 존재하는 개별성을 무시하기 때문이다. 어떤 어머니에게는 "자녀들이 좀 더 여유로운 시간을 갖도록 배려해 주세요. 당신은 지금 너무 열심을 내고 있네요"라고 조언할 경우가 있다. 또 다른 어머니에게는 "자녀들을 훈계하는 데 있어서 좀 더 일관성과 원칙을 갖는 게 좋겠네요"라고 말해 줄 경우도 있다.

엄하지만 자유롭고 편하게

한 번은 홈스쿨 소송 사건을 맡게 되었는데, 자녀 양육 과정에서 발생하는 이와 같은 문제에 대해 만병통치약처럼 생생한 처방을 내려주는 사례였다. 이 소송에는 다른 홈스쿨 학생에게 심각한 범죄를 저지른 십대 홈스쿨 청소년이 관련되어 있었다. 이 범죄로 말미암아 당국에서는 그 가정의 다른 자녀들에게 더 이상 홈스쿨링을 하지 못하도록 압력을 행사했다. 이 홈스쿨 가정은 엄격한 훈계와 강력한 권위 체계를 강조하는 홈스쿨 프로그램을 따르고 있었다.

"자녀들이 행동한 것에 따라 그들을 다루라는 것이다. 다른 사람들의 반응에 대한 두려움 때문에 마땅히 해야 할 징계를 게을리하거나 그에 합당한 자비를 베푸는 것을 주저하지 말라."

우리를 고용한 지역 변호사도 이 가정처럼 조직적인 홈스쿨 프로그램에 등록한 홈스쿨 아버지였다. 그래도 이 변호사 가정은 우리 가정과 비슷한 면이 있었다. 이 변호사 가정에는 늘 여러 가지 재미있는 요소와 웃음이 있었고, 약간의 무질서에 대해서도 허용해 주었다. 우리 가정에서는 종종 좀 더 질서 있고 일관성 있게 행동하라는 말을 많이 해야만 했다. 그러나 법정에 나온 가정은 정반대였다. 어머니와 아버지가 모두 엄격한 의미의 질서정연함과 즉각적인 순종을 중요시하는 부모였다.

물론 잘못을 저지른 청소년은 자신의 그릇된 행동에 대해 전적으로 책임을 져야 할 필요는 있다. 다만 당시에 내가 받은 인상은 가정 안에서 그 청소년이 받은 스트레스 때문에 작은 약점에도 쉽게 넘어지는 상태에 놓여 있었다는 것이다. 이 가정에게 필요한 조언은 엄하게 가르치지만 이따금씩 자유롭고 편안하게 자녀들을 놓아 줄 필요가 있다는 점이다.

아마도 당신 또한 자기 가족에게 어떠한 방식이 적절할지 고민할 것이다. 어떤 사람들은 좀 더 주의 깊게 훈계를 해야 한다. 어떤 사람들은 기꺼이 자비를 베풀 필요가 있다. 아내 나 남편이 이와 관련하여 소외되어서는 안 된다. 서로 대화를 나누면서 가족의 강점과 약점에 대해 서로 동의할 수 있는 부분들을 점검해 보라.

자녀들이 행동한 것에 따라 그들을 다루라

이 이야기를 마무리하면서 자녀들이 완벽해야 한다고 염려하는 어머니들에게 한 마디 전하고 싶다. 부모들이 점검해 볼 수 있는 탁월한 경험 법칙이 하나 있다. 당신이 과잉 반응을 보이는지, 아니면 사실상 훈계를 좀 더 바짝 조여야 하는지에 대해서 말이다. 어떤 사람들이 종종 당신에게 이런 말을 한 적이 있는가?

"와, 당신은 너무나 멋진 자녀들을 두고 있군요! 아이들의 행실이 너무 반듯하고 착하네요."

만약 이런 이야기를 당신도 이미 여러 차례 들었고 여전히 완벽한 아이로 만들어야 한다는 속박에 사로잡혀 있다면 바로 내가 이야기하고 싶어 하는 어머니다. 당신의 자녀들은 반듯한 행실을 보일 필요가 있기는 하지만, 그렇다고 절대로 완벽해질 수는 없다. 성경도 그렇게 말하고 있다.

모든 사람이 죄를 범하였으매 하나님의 영광에 이르지 못하더니
로마서 3:23

자녀들이 고의로 저지른 나쁜 행실에 대해서는 당연히 징계할 수 있고 또 징계해야만 한다. 그러나 만약 이에 대해 과도하게 염려한다면 당신은 자녀들의 안녕이 아니라 아이들이 공공연하게 인간적인 죄성을 드러낼 때 겪었던 당혹스러움을 염려하고 있는 것이다. 자기 마음속으로 더 깊이 파고들어가서 진정한 동기가 무엇인지 살펴보아야 한다. 이 상황에서 자기 자신을 속이기란 매우 쉽다.

이 세상의 대부분 사람들은 각자 준거 틀을 가지고 당신의 자녀를 판단하고 있다. 이는 곧 당신 자녀들을 그 사람들의 자녀와 또 자기들이 알고 있는 다른 아이들을 비교하고 있다는 뜻이다. 가정에서 최선을 다하는 아이들은 거의 없다. 그와는 달리 대다수 어머니와 아버지는 자녀들에게서 나타나는 가장 낮은 수준의 행동 양식을 일상생활에서 자주 목격하는 편이 보편적이다.

자녀들이 다른 가족들 앞에서 부적절하게 행동할 때 당신은 아마 이런 식으로 생각할 것이다.

'스미스 씨네 자녀들은 이렇게 나쁜 행실을 보여준 적이 한 번도 없었는데….'

아마도 그게 사실일지 모르지만, 내가 보장하건대 스미스 씨 부부는 자기 집에서 아이들이 못된 행실을 드러내는 것을, 어쩌면 더 나쁜 행실을 드러내는 것을 가끔씩 보았을 것이다. 온갖 수많은 비교와 걱정으로부터 당신을 해방시켜 줄 수 있는 원리는 바로 이것이다. 곧 자녀들이 행동한 것에 따라 그들을 다루라는 것이다. 다른 사람들의 반응에 대한 두려움 때문에 마땅히 해야 할 징계를 게을리하거나 그에 합당한 자비를 베푸는 것을 주저하지 말라.

부모 자신과 자녀 모두에게 완벽을 요구하지 마라

언젠가 우리 큰딸 중 한 명과 나쁜 태도와 행실에 대해 이야기를 나눈 적이 있다. 그때 딸은 이런 식으로 이야기했다.

"글쎄요. 적어도 저는 마약을 하거나 제 또래 여자아이들처럼 남자아이들과 함께 자지 않아요."

우리 딸이 그다지 좋지 않은 태도로 말했을 수도 있지만, 그건 분명 옳은 말이었다. 비록 다른 때였다면 그 말이 나를 화나게 만들었을지도 모르지만, 그 순간 나는 우리 딸에 대해 감사했다. 때때로 우리에게는 균형 감각이 필요하다. 만약 자녀 양육에서 자신에게 완벽을 요구한다면 우리는 반드시 실패하고 말 것이다.

만약 우리 자녀들에게 완벽한 행실을 요구한다면 아이들은 결코 그 수준에 도달하기는 어렵다. 사랑과 자비로 훈계를 실시하면서도 오직 옳은 것만을 일방적으로 강조한다면 그건 너무 교묘하고 혹독한 요구이며, 너무 어려워서 부모 또한 어떻게 할 수 없는 기준이다. 아주 능숙하고 신속하게 올바른 길을 파악하도록 요구하는 상황 속에서는 오직 하나님만이 우리에게 어느 길로 나아가야 할지 깨닫도록 지혜를 허락해 주실 것이다. ❧

5장

어머니는
자녀의 영적 열매를
사모한다

여러 해에 걸쳐 인내심을 갖고 계획대로 한 걸음씩 나아가는 홈스쿨 어머니는 언젠가 자녀들이 학문적인 성과로 결실을 맺고, 높은 사회성과 영적인 성숙함 가운데 성장하는 모습을 보게 될 것이다. 힘든 여정일지라도 올바로 진실하고 꾸준하게 성장하는 자녀는 지금 이 순간 받을 수 있는 그 어떤 보상보다 훨씬 더 중요하다.

�# 10년 뒤 자녀가 홈스쿨링의 값진 보상이다

아이들은 지금을 위해 산다

일부 무책임한 홈스쿨링 옹호론자들은 홈스쿨링이 무척 쉬운 것이라고 확신시키려고 애쓴다. 반면 경험 있는 전문가들은 실제적인 이야기를 들려준다. 사실 홈스쿨링은 매우 힘겨운 일이다. 만약 버지니아 같은 곳에 산다면 봄꽃과 태양과 푸른 잔디가 늘상 유혹하기도 한다. 오후 2시 무렵이면 밖으로 나가서 자연을 만끽하고 싶겠지만, 오후 공부가 자녀들의 엉덩이를 붙잡는다.

만약 당신이라면 어떻게 하겠는가? 대답은 간단하다. 어른처럼 굴어야 한다. 어른은 봄날 오후의 찬란한 유혹을 뿌리치고 자녀 교육의 장기적 유익을 바라볼 수 있어야 한다. 또 정오에 이르기까지 잠자리에 누워서 미적대기보다 이른 아침의 알람 소리를 듣자마자 곧바로 일어나야 한다. 어른은 제때 중요한 일을 처리하기 위해 필요한 조치들을 감당해야 한다.

반면 아이들은 하찮은 이유로 관계를 깨트리기도 한다. 아이들은 지금 당장을 위해서 산다. 만약 그렇게 할 수만 있다면 재미있는 일을 먼저 하고 중요한 일을 뒤로 제쳐두고 싶어 한다. 그리고 종종 숙제하는 걸 잊어버리기도 하고, 일이 잘 안 풀릴 때에는 함부로 다른 사람들을 욕하기도 한다.

홈스쿨링의 열매를 기다리라

슬픈 현실은 세상에서는 어른들에게도 아이들처럼 행동하도록 손짓하고 부추긴다는 것이다. 세상에서는 우리를 유혹하여 결혼 생활을 지켜내기 위해 열심히 노력하기보다는 손쉽게 이혼하도록 만든다. 세상에서는 오늘을 위해 살라고 말하지 내일을 위해 살거나 10년 뒤를 바라보고 살라고 말하지 않는다. 세상에서는 우리의 실패에 대한 잘못이 그저 이 사회와 가정교육이 잘못되었고, 모든 게 다 대통령 탓이라고만 말한다.

미국 대통령으로서 섹스 스캔들을 일으키며 큰 논란을 만들었던 빌 클린턴의 개인적인 생활은 아이의 욕구대로 살아가는 전형적인 사례다. 자녀들이 공부 때문에 힘들어 하니 차라리 휴식을 주는 게 낫다는 생각이 들 때에도 한 해 동안 해야 할 공부를 끝까지 마무리하려는 홈스쿨 어머니는 어른이 된다는 것이 무엇인지를 잘 보여준다. 어른으로서 누리는 축복은 『마시멜로 이야기』처럼 장기적인 보상에 대한 어른의 관점을 가진다는 것이다. 아이들에게는 즉각적인 만족감이 필요하지만, 어른은 오랫동안 기다릴 수 있다.

만약 내년에 자녀들을 학교로 돌려보낸다고 생각해 보자. 아마도 홈스쿨 어머니는 현재의 힘겨운 일에서 해방될 수 있을 것이다. 반면 여러 해에 걸쳐 인내심을 갖고 계획대로 한 걸음씩 나아가는 홈스쿨 어머니는 언젠가 자녀들이 학문적인 성과로 결실을 맺고, 높은 사회성과 영적인 성숙함 가운데 성장하는 모습을 보게 될 것이다. 힘든 여정일지라도 올바로 진실하고 꾸준하게 성장하는 자녀는 지금 이 순간 받을 수 있는 그 어떤 보상보다 훨씬 더 중요하다. 진정 값진 보상은 오랜 시간에 걸쳐 무르익게 되는 자녀라는 열매다.

일시적인 필요가 영적인 결과를 낳는다

'신망이 있고 성령과 지혜가 충만한' 청년

사도행전 6장에는 예루살렘에 탄생한 초대 교회에서 최초로 일곱 집사를 임명하는 장면이 나온다. 사도들은 양식을 나누는 문제로 히브리인 과부들과 헬라인 과부들 사이에서 일어난 분쟁 때문에 집사들을 임명하게 되었다. 사도들은 이렇게 말했다.

> 그래서 열두 사도가 제자들을 모두 불러놓고 말하였다. "우리가 하나님의 말씀을 전하는 일은 제쳐놓고서 음식 베푸는 일에 힘쓰는 것은 좋지 못합니다" 사도행전 6:2, 새번역

'음식 베푸는 일,' 곧 구제 사역을 맡기기 위해 사람들을 선별하면서 사도들이 정한 집사의 자격에 대해 주목해 보자. 사도들은 회중에게 '신망이 있고 성령과 지혜가 충만한 사람' 사도행전 6:3을 뽑으라고 지시했다. 이 방법은 큰 효과를 나타냈다. 이후로는 구제를 둘러싼 분쟁과 관련하여 아무런 논란이 없었기 때문이다. 나아가 교회는 큰 성장을 경험하게 되었고, 심지어 일부 유대인 제사장들도 회심하여 그리스도를 믿게 되었다.

이 이야기에서 얻을 수 있는 분명한 교훈은 단지 일시적인 필요를 채우는 것조차도 어떤 영적 결과에 도달하기 위하여 하나님이 사용하시는 방법 중 하나라는 것이다. 다만 이와 같은 일이 가능하도록 하기 위해서는 일시적인 필요를 채우기

위해 선별한 사람들의 영적 자질들에 대하여 크게 관심을 기울이고 있어야만 한다. 또한 비록 사도들이 직접 음식 베푸는 일에 시간을 할애하지 못했을지라도 이런 집사들을 선별하여 구제 사역을 대신 감당하도록 위임하는 일에 시간을 할애하여 참여했다. 사도들은 집사들을 위해 기도하는 데에도 함께 헌신했다. 사도들의 시간은 마땅히 영적인 문제를 위해 드려져야 한다. 다른 지도자들을 잘 양육하는 것은 계속해서 시간을 잘 사용하도록 도와주는 주요한 사역 가운데 하나였다.

이 성경의 이야기를 홈스쿨 부모들에게 어떻게 적용할 수 있을까? 실제로 홈스쿨 부모들은 매우 분주한 사람들이다. 때로는 너무 무리하게 일을 추진하다보니 우리 주변의 단순하고 일시적인 필요를 충족시킬 만한 시간이 부족할 때도 많다. 이런 경우에도 전혀 죄책감을 가질 필요가 없다. 대신에 우리가 감당하기 힘든 필요에 부딪칠 때에는 다른 지도자들을 세우는 것이 효과적이다. 이것은 전국 단위의 홈스쿨 협회와 각 지역 네트워크 모임이나 지원 단체들을 이끄는 지도자들에게 분명한 적용점이 있다. 또한 그 안에서 새로운 지도자들을 키우는 것은 당신의 시간을 가장 효율적으로 사용하는 방법이기도 하다.

기실 홈스쿨 가정들은 우리 자녀들을 지도자로 만들어가는 과정임을 숙지할 필요가 있다. 우리가 직접 '음식 베푸는 일'을 할 수 없을 때에는 우리 자녀들이 그것을 대신할 수 있는 날이 오도록 준비해 놓아야 한다. 특히 자녀들에게 학문적인 가르침을 제공하는 것은 그 아이들이 장래에 섬김과 지도력을 발휘하도록 준비시키는 하나의 방법이다. 다만 이게 가장 중요한 방향은 아니다. 우리 자녀들을 위한 궁극적인 목적은 '신망이 있고 성령과 지혜가 충만한' 청년으로 양육하는 것이어야 한다. 그래야 이 청년들이 일시적인 필요에 처한 사람들을 마주하게 될 때에 매우 중요한 영적 추수가 일어나게 될 것이다.

준비되고 훈련된 자녀가 영적인 필요를 채운다

몇 년 전 버지니아 주 부지사로 출마했을 때 우리 캠프에서는 18살짜리 홈스쿨 졸업생이 운전기사로 일하고 있었다. 어느 날 저녁에는 이 청년과 함께 당시 가장 뜨거운 정치적 쟁점이었던 성과 기반 교육Outcome-Based Education에 대해 의논하는 타운홀 미팅*에 참석했다. 이 모임이 지역 교회에서 열

---

* 타운홀 미팅(town hall meeting)은 정책결정권자 또는 선거입후보자가 지역 주민들을 초대하여 정책 또는 주요 쟁점에 대하여 설명하고, 의견을 듣는 비공식 공개회의로, 미국에서는 참여 민주주의의 근간으로 평가된다. 영국 식민지 시절부터 지역사회의 문제를 자율적으로 해결했던 미국식 공개 토론 방식이었으나, 오늘날에 와서는 토론의 한 형식을 일컫는 일반명사로 사용되고 있으며, 미국은 지금까지도 각 지역사회마다 다양한 사안에 대해 타운홀 미팅을 진행하고 있다.

리기는 했지만 교회와 직접적 상관은 없었다.

이 청년에게는 그 날 저녁에 두 가지 과제가 있었다. 하나는 운전기사로서 나를 수행하는 것이고, 다른 하나는 사람들에게 홍보지를 나눠주는 것이었다. 이 두 가지 업무를 수행하기 위해 딱히 어떤 영적 자질을 갖추어야 하는 것은 아니었지만, 실제로 이 청년은 충분히 그런 역량을 갖추고 있었다.

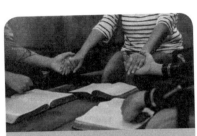

"부모와 교회가 영적인 성숙함으로 나아가도록 이 청년을 충분히 준비시켜 놓았기 때문에 일시적인 도움의 손길 앞에서 넉넉히 영적인 필요를 채울 수 있었다."

모임이 시작된 후 한 남자가 큰길에서 떨어진 곳에서 길을 찾아 헤매고 있었다. 그러다가 이 청년에게 여기서 무슨 모임을 하고 있는지 물어보게 되었다. 그래서 성과 기반 교육에 관한 모임이라는 이야기를 전해 들었다. 물론 이 남자는 그 주제에 대해 전혀 관심이 없었지만, 그 날 저녁 어쩌다가 자신의 영적 필요에 대해 표현할 기회를 갖게 되었다. 청년은 한참동안 그 남자와 대화를 나누었고, 잠시 후 예수 그리스도를 개인의 구세주로 영접하는 기도까지 따라하도록 이끌어 주었다.

만약 그저 운전 실력과 홍보지를 나눠주는 부지런함에 기초하여 운전기사를 뽑았다면 자기 인생에서 가장 중요한 문제를 가진 사람을 도와줄 수 있는 기회를 놓치고 말았을 것이다. 부모와 교회가 영적인 성숙함으로 나아가도록 이 청년을 충분히 준비시켜 놓았기 때문에 일시적인 도움의 손길 앞에서 넉넉히 영적인 필요를 채울 수 있었다.

이 청년의 이름은 리치 샤이프Rich Shipe인데, 오래지 않아 우리 집 장녀 크리스티와 결혼했다. 우리가 하나님을 더욱 깊이 알아가고 사랑하도록 자녀들을 훈련시키고, 기꺼이 음식을 베풀고 후보자의 차를 운전하고 잔디를 깎는 겸손한 마음을 갖도록 할 때, 언젠가 우리의 인간적인 기대감을 훨씬 뛰어넘는 영적인 보상을 넘치도록 받게 될 것이다.

자녀에게 삶의 기술을 가르쳐라

최근 콜로라도 주 프레이저Fraser 외곽에서 법대생들을 위한 컨퍼런스에서 강의한 적이 있다. 본관 출입문 바로 바깥에는 조그만 송어 연못이 있었는데, 나는 시간이 날 때마다 거기로 달려가서 낚시를 했다. 가게에서 구입한 연어 알은 그다지 효과를 발휘하지 못했다. 그래서 적당한 크기의 돌멩이를 뒤집어 보았더니 그 아래에서 지렁이 몇 마리를 잡을 수 있었다. 드디어 쉽사리 잡아 올리기 힘들 정도로 재빨리 도망치는 송어가 조금씩 입질을 시작했다.

　로키 산맥에서 낚시를 하는 것은 내게 굉장한 향수를 불러일으키는 일이었다. 어린 시절에 우리 가족은 콜로라도 지역에서 몇 주간이나 여름을 보냈다. 나는 버드나무 가지와 조그만 낚싯줄, 그리고 낚시 바늘과 봉돌로 많은 시간 동안 낚시를 즐겼다. 어린 시절에 나는 요즘 아이들이 경험해 보지 못했을 즐거움을 여름 기간 내내 누릴 수 있었다.

　그래서 여러 홈스쿨 가정의 부모들에게 여름 기간 동안 우리 자녀들에게 꼭 필요한 삶을 기술을 가르치는 커리큘럼을 구성해 보자고 제안했다. 부모들은 제각각 여름철에 가르칠 수 있는 여러 가지 활동들을 제안해 주었다.

01. 아이들에게 낚시를 가르치자. 낚시 바늘에 미끼 꿰는 법을 배우는 것은 앞으로 외과 의사의 기본 자질을 배울 수 있는 기회가 될지도 모른다. 서로 얽힌 낚싯줄을 풀어내는 것은 3학점짜리 법학 공부와 맞먹을 만큼 간단치 않다.

02. 밤에 뒤뜰로 나가서 잔디밭에 앉아 아이들에게 기본적인 별자리를 찾게 해주고 이름을 부를 수 있도록 가르쳐 주자.

03. 주머니칼을 가지고 나무 깎는 법을 가르쳐 주자. 어떤 사람들은 주머니칼로 나무를 깎아 조그만 동물 모양을 만들 수도 있다. 어린 시절 내가 가장 좋아했던 것은 나무를 깎아 목검을

만드는 것이었다.

04. 아이들에게 다양한 전통놀이, 곧 사방치기 놀이나 돌차기 놀이 등을 가르쳐 주자. 땅바닥에 선을 그릴 수 있는 재료, 표지로 삼을 수 있는 조그만 물건돌이나 오자미, 아무리 폴짝폴짝 뛰어도 괜찮을 만한 무릎만 있으면 충분하다.

05. 아이들에게 생존 수영을 가르쳐 주자. 단순히 재미있는 운동이 아니라 자기 자신이나 다른 사람들의 기본적인 안전을 지키기 위함이다.

06. 만약 당신이 깃발 빼앗기 놀이를 모른다면 주변에 아는 사람이 있는지 찾아보라. 밤에 바깥으로 나가서 자녀들과 이웃 친구들과 함께 이 놀이를 해 보자. 만약 어른인 당신의 도망치는 기술이 너무 교묘하다면 아이들이 금세 싫증을 느낄 수 있으니 그냥 술래가 되어라.

07. 아이들과 함께 마당에 텃밭을 꾸며 보자. 전 세계적으로 식량 부족 문제를 겪고 있는데, 당신은 조금씩이나마 스스로 이 위기를 해결할 수 있을 것이다.

08. 아이들과 함께 딸기를 따먹을 수 있는 체험 농장을 찾아보자. 만약 아이들과 함께 에펠탑 꼭대기에 올라갈 것인지, 딸기밭으로 갈 것인지를 선택할 수 있다면 덩굴에서 달콤하게 익은 열매를 딸 수 있는 텃밭으로 가는 게 훨씬 더 나은 선택이라고 생각한다.

09. 아이들에게 공기놀이 하는 법을 가르쳐 주자. 내가 어렸을 때에는 여자아이들 놀이라고 생각했지만, 큰누나가 전국공기놀이대회에서 우승한 후 내게도 공기놀이를 가르쳐 주면서 몇 가지 연습을 시켜 주었다. 만약 그게 노골적인 성차별 놀이가 아니었다면 나도 얼마든지 도전해 보았을 것이다. 그래서 나는 전국공기놀이대회 운영진에게 남자도 참여할 수 있게 해 달라고 요청하고 싶었다. 거기서 어떤 대회를 열어도 확실히 이길 자신이 있었기 때문이다.

10. 마찬가지로 구슬치기도 좋다. 난 구슬치기를 그다지 잘 하지 못했다.

11. 아이들과 함께 장거리 도보 여행을 떠나는 것도 좋다. 길을 걸으면서 아이들에게 나무와 꽃들 이름을 가르쳐 주자. 또 아이들에게 적절한 하이킹 지팡이를 선별하는 기술을 가르쳐 줄 수도 있다.

12. 아이들을 침낭 속에 집어넣은 다음, 손전등만 가지고 책 읽는 법을 가르쳐 주자.

단순하지만 각각의 부모들은 자녀들에게 각각 자신이 가진 삶의 기술과 인생의 지혜를 나눠 주었다. 아이들은 가족과 함께 아름다운 추억을 쌓을 뿐 아니라 인생을 즐기고 다른 사람을 돕고 살아가는 데 필요한 기술을 함께 배웠다. ⚜

6장

어머니는
영원한 관점에
우선순위를 둔다

우리에게 허락하신 나날과 시간을 활용하여 우리 자녀들의 인생에 커다란 차이를 만들어내도록 하자. 우리 주님이 허락해 주신 시간을 다른 어떤 것에도 낭비하지 않아야 한다. 시간이 언제 다 없어질지 알지 못하기 때문이다. 이처럼 영원한 관점은 당신의 우선순위를 훨씬 더 명확하게 만들어 준다.

✽

영원한 관점에 따른 분명한 우선순위

최근 발생한 홈스쿨 가정 사이의 분쟁에 대해 칼럼을 쓰는 중이었다. 기독교인 홈스쿨 가정과 비기독교인 홈스쿨 가정들 사이의 오랜 논쟁이 분출되어 터진 것이었다. 이에 대해 글을 쓰는 도중에 발신인을 알 수 없는 편지 한 통이 내게 배달되었다.

친애하는 홈스쿨법률보호협회 여러분께
지난 3월 29일 성금요일 이른 아침 시간에 하나님은 우리 큰 아들 짐을 본향으로 데려가셨고, 그분과 함께 머물게 하셨습니다. 짐은 3월 26일 동갑내기 조카와 함께 캘리포니아로 가서 두 주 정도 우리 부모님 댁에 머무를 예정이었습니다. 네 사람은 목요일에 디즈니랜드로 가서 아주 즐거운 시간을 보내고 돌아왔습니다. 그런데 짐이 차에서 내리더니 갑자기 허리가 아프다고 투덜거리면서 구역질을 시작했대요.

우리 부모님은 짐을 스크립스 병원Scripps Hospital으로 데려가 엑스레이를 찍어보았습니다. 병원에서 몇 시간 동안 여러 검사를 한 후 의사들은 짐이 '심상치 않은 질병'에 걸렸음을 직감했습니다. 대동맥 파열로 출혈이 심해져서 거의 죽을 지경에 이르게 되었다고 했습니다. 심장 수술팀이 재빨리 소집되어 초전도 심장 검진을 시작했는데, 거기서 파열된 부분을 발견했습니다. 의사들이 혈관 조영술을 시도하려고 할 때 짐은 다시 쓰러지고 말았습니다.

수술팀은 짐을 즉각 수술실로 옮겼지만, 더 이상 할 수 있는 일이 아무것도 없었답니다. 대동맥이 그냥 파열된 정도가 아니라 완전히 갈가리 찢겨져 있었던 거예요. 짐이 14번째 생일을 맞이하기 3일 전 하나님은 그렇게 짐을 당신 곁으로 데려가셨습니다.

현재 우리는 대동맥이 그토록 약화된 원인이 무엇인지 알아내기 위해서 부검 결과를 기다리고 있습니다. 스크립스 병원 측과 샌디에이고 카운티 검시관은 지금까지 이렇게 어린 소년 에게서 이런 일이 일어난 것을 본 적이 없다고 했습니다. 그러 나 우리는 하나님이 전혀 실수가 없으신 분이라는 걸 알고 있 지요.

짐은 병원에서 그리스도인 간호사들에게 둘러싸여 있었답 니다. 부모님은 수술실에서 짐과 함께 머물러 있도록 허용되 었지요. 우리 부모님은 간호사 한 명과 더불어 짐을 위해 기 도하고 있었습니다. 짐의 상황이 얼마나 심각한지 알기 전부 터 말입니다. 어머니는 기도 직후에 짐의 눈과 얼굴이 잠시 환 하게 빛나더니 평안과 고요가 가득 밀려왔다고 말씀하셨어요. 이후로도 짐에게서 그와 같은 기운이 떠나지 않았다고 했습니 다. 하나님은 짐이 하늘나라로 나아가는 모든 발걸음에 함께 하셨던 것이지요.

우리 가정은 짐을 홈스쿨링으로 키웠으며, 다른 두 아들도 지난 6년 동안 홈스쿨링을 했다는 사실이 저희에게는 얼마나 감사한 일인지요! 우리는 대다수 부모들이 전혀 경험할 수 없 는 방식으로 짐이 성장하고 성숙해져 가는 모습을 가까이에서 지켜보았답니다. 그러면서 하루 가운데 많은 시간들을 짐과 함께 보낼 수 있었지요. 우리에게는 짐에 대한 너무나 많은 유품과 추억들이 남아 있습니다.

짐을 여러 번 디즈니랜드에 태워다 주었던 우리 사위는 이렇게 말했지요.

"짐은 자기 자신에 대해 천진난만했어요. 전혀 세상에 때 묻지 않았다고 자신 있게 말할 수 있어요."

우리가 '전체 그림'을 볼 순 없습니다. 그러나 하나님은 보고 계시지요. 하나님은 분명 약속하셨기 때문에 모든 것이 합력하여 선을 이루실 거예요! 비록 짐은 본향으로 돌아갔지만, 많은 이들에게 감동을 주었습니다. 고통 가운데 있던 많은 사람들에게 기증된 장기는 각자에게 새로운 생명을 주었습니다. 우리 주님을 찬양합니다!

우리는 짐이 너무나 보고 싶습니다! 짐을 너무나 사랑합니다! 짐을 우리에게서 멀리 떠나보내는 게 가슴 아프지만, 그와 동시에 우리에게는 하나님으로부터 임하는 평안과 확신이 있습니다. 하나님은 우리 반석이시요, 방패이십니다. 우리는 그분을 신뢰합니다.

진심으로.

나는 이어서 글을 쓸 수가 없었다. 눈물이 앞을 가렸다. 하나님은 이 편지를 사용하셔서 모든 문제에 대한 하나님의 관점을 은혜롭게 허락해 주셨다. 이 편지를 통해 하나님은 옹졸한 논쟁과 험담으로 우리가 조금도 시간을 허비하지 않기를 원하신다는 걸 이해하게 되었다.

영원한 관점

우리의 도움이 필요한 아이들의 삶에서 하나님을 위하여 강력한 일을 이루어가고 있는 훌륭한 사람들이 많다. 그러므로 다른 사람들이야 헛되이 분노하든 말든 가만 내버려 두라. 우리는 이러한 분쟁과 다툼과 험담을 무시하고 경건한 씨앗을 키우기 원하는 가정들을 돕는 목적에 모든 시선을 고정시켜야 한다.

우리에게는 하나님이 맡겨 주신 소중한 자녀들이 있다. 우리는 숭고한 부르심을 받았다. 우리에게 허락하신 나날과 시간을 활용하여 우리 자녀들의 인생에 커다란 차이를 만들어 내도록 하자. 우리 주님이 허락해 주신 시간을 다른 어떤 것에도 낭비하지 않아야 한다. 시간이 언제 다 없어질지 알지 못하기 때문이다. 이처럼 영원한 관점은 당신의 우선순위를 훨씬 더 명확하게 만들어 준다.

감정적인 데이트의 위험

1998년 봄 미시시피 병원에서는 14살짜리 소년이 이식을 위해 장기를 떼어낸 채로 기다리다 뇌사 상태에 빠져 있었다. 이 소년의 사인은 자해 총상 때문이었다. 이 소년이 절망을 느낀 이유는 여자 친구와 이별한 탓이었다. 또 아칸소 주 존스보로Jonesboro에서도 비극이 일어났는데, 최초 언론 보도에 따르면 웨스트사이드 고등학교 바깥에서 학생 네 명과 교사 한 명이 살해당했다고 한다. 13살짜리 미치 존슨Mitch Johnson 이 12살짜리 소녀와 이별했다는 이유로 앙심을 품고 감정적인 복수극을 펼친 사건이라는 것이었다.

존스보로 사건 이후로 많은 사람들의 반성과 성찰이 이어지면서 총기를 가지고 다니는 아이들의 위험성에 대해 성토하는 여론이 들끓었다. 감정을 억제하지 못하는 아이들의 위험성에 대해 특히 강조하는 목소리들도 여기저기서 들렸다. 자기 목숨을 끊은 미시시피의 소년이나 다른 사람들의 소중한 목숨을 앗아간 아칸소의 소년 모두 자기 연령대에 어울리지 않는 감정 놀이에 빠져 있었던 것이다.

코트십의 실행 원리

홈스쿨 가정들 사이에서 취하는 교육 방법 중 가장 큰 유익을 들자면, 미성숙한 데이트의 압력과 위험으로부터 우리 자녀를 보호할 수 있다는 것이다. 홈스쿨 가정들은 코트십으로 자녀들을 훈련시켜 왔는데, 현대 사회의 개방적인 연애 문화와는 전혀 다른 낭만을 즐기는 방법이다.

코트십이라는 철학 아래에서는 낭만적인 만남과 연애가 자녀의 인생에서 결혼에 대한 충분한 준비를 끝낼 때까지 미뤄진다. 그것은 곧 어떤 청년이 가족을 충분히 부양할 준비를 갖출 때까지는 결혼에 대해 준비되어 있지 않다는 시각이 내포되어 있다. 그래서 코트십에서는 대개 남자는 20대 초반, 여자는 십대 후반이 되기까지 어떤 종류의 데이트에 대해서도 미루게 된다. 이것이 코트십의 첫 번째 실행 원리다.

코트십에서 중요한 두 번째 실행 원리는 가벼운 데이트 같은 것은 절대 없다는 점이다. 어떤 데이트든 두 청년과 양가 부모 사이에서 양쪽 관계가 결혼으로 이어질 수 있을지에 관해 서로 이해하는 가운데 점검해 보고 결정하자는 진지한 믿음이 전제될 때에만 시작될 수 있다.

코트십이 필요한 이유

보수적인 가족주의자들은 오랫동안 청년들의 혼전 성관계를 반대해 왔다. 자유주의자들은 이러한 혼전 순결이 비현실적이고 진부한 이야기라고 비아냥거렸다. 코트십 개념을 적극적으로 받아들인 홈스쿨 가정들은 자유주의자들의 의견에 나름 일리가 있다고 동의한다. 실제 십대들이 12살 이후로 감정적인 로맨스에 빠져서 성년이 될 때까지 육체적 관계를 추구하는 분위기에서도 성적인 절제가 가능하리라고 기대한다는 것은 사실상 너무나 터무니없는 생각이다. 12살 이후로 소위 사랑에 빠져서 성관계를 탐닉하는 아이들에게 십여 년 이상 동정 상태를 유지하기를 기대하는 것은 비현실적이다.

그에 대한 해결책으로 초등학교에서부터 콘돔을 나눠주고 고등학교에서 피임약을 배포한다고 해결될 문제는 아니다. 오히려 십대 아이들은 먼저 나이가 너무 어리다보니 연애 관계에서 육체적이고 감정적인 측면을 제대로 통제하지 못한다는 것을 이해해야 한다. 게다가 성관계로 인해 전염되는 질병, 원하지 않는 임신, 우울증, 학업에 대한 무관심, 자살이나 살인 등 미성숙한 연애 관계가 유발시키는 심각한 문제들도 아주 많다. 사랑은 결혼과 연결될 때에만 이런 문제들이 실제적으로 줄어들거나 사라질 수 있다.

성년이 된 우리 딸들 가운데 둘은 지금까지 교제해 왔던 남자

"홈스쿨 가정들은 코트십으로 자녀들을 훈련시켜 왔는데, 현대 사회의 개방적인 연애 문화와는 전혀 다른 낭만을 즐기는 방법이다."

친구와 결혼할 예정이다. 물론 둘 다 처음이자 마지막 남자친구다. 사실 우리 딸들은 많은 남자들을 알고 있었다. 왜냐하면 우리 부부는 자녀들에게 여러 종류의 집단 활동에 참여해보도록 적극 권장했기 때문이다. 그럼에도 코트십 철학이 집단 활동에 참가하는 모든 가정들 사이에 공감대가 형성되어 있었다. 그래서 두 사람이 결혼할 준비를 마쳤다고 스스로 선포하고 각자가 서로 그러한 인생길로 나아가기로 헌신할 때까지는 어떤 형태로든 데이트가 금기시되었다.

요즘처럼 아이들이 일찍 성에 눈을 뜨고 불법적인 성문화가 만연한 가운데서 코트십 개념은 매우 급진적인 것으로 들린다. 그러나 존스보로와 미시시피의 어린 소년들이 겪은 슬픔은 이런 문제들에 대해 좀 다른 관점으로 생각해 볼 수 있는 충분한 자극이 되지 않았을까?

홈스쿨 학생들의 학업 성취도가 더 뛰어나다

홈스쿨링에 대한 과소평가

빌 베넷Bill Bennett은 공립학교 학생들의 학업 성취도와 자존감 사이에 커다란 간격이 있다는 충격적인 사실을 처음 알린 인물이다. 미국 학생들은 수학 기술에 대한 자존감은 세계적으로 최상위였으나, 실제 수학 수행 능력 면에서는 OECD 국가 가운데 최하위 수준이었다. 「미국 교육위원회 저널American School Board Journal」은 최근 재택 교육과 공립학교 교육의 성과 비교에 대한 연구 조사 결과를 발표했다. 먼저 공립학교 학생들은 학업 성취도에 대해 근거 없는 자만심을 가지고 있었으며, 마찬가지로 공립학교 행정가들도 학교에 대해 매우 높은 자존감을 가지고 있었다. 반면 대다수 공립학교 행정가들은 재택 교육을 과소평가하는 경향을 드러냈다.

우리 홈스쿨법률보호협회에서는 홈스쿨링 교육 형태와 공립학교를 비교하기 위해 홈스쿨 가정들을 조사하는 데 재정을 낭비하고 싶지 않았다. 그렇다면 우리는 무엇을 기대할 수 있을까? 물론 홈스쿨 가정들은 당연히 우리가 훨씬 낫다고 생각한다. 예를 들어, 렌터카 회사인 허츠Hertz Corporation 직원들에게 허츠와 에이비스Avis Car Rental 중 어느 회사가 더 괜찮은 렌터카 회사인지 설문조사를 해 보자. 대답해 보라.

「미국 교육위원회 저널」의 연구 조사에서 공립학교 행정가들 가운데 34퍼센트는 홈스쿨 가정들이 시험을 쳐야 한다고 응답한 반면, 56퍼센트는 시험을 칠 필요가 없다고 응답했다. 궁금한 것은 당시 조사를 진행했던 자비에 대학교Xavier University 여론조사원들은 각 주의 홈스쿨링에 대한 법적 요구 사항이 다르다는 것에 대해 사전에 왜 검토하지 않았을까?

어쨌든 미국 모든 주 가운데 60퍼센트는 시험이나 이에 대한 대안적인 형태를 요구하고 있으며, 나머지 40퍼센트는 시험을 요구하지 않는다. 또한 이 연구 조사에서 확인된 사실은 대다수 학교 행정가들이 해당 주의 교육법에 대해 잘 모른다는 것이다. 게다가 여론조사원들도 대표적인 표본 집단을 제대로 추출하지 못했다.

학교 행정가들은 홈스쿨과 공립학교의 학문적인 성취에 대해 그다지 높은 식견을 가지고 있진 않았다. 공립학교 행정가들 가운데 55퍼센트가 홈스쿨링은 해당 주에서 정한 학문적인 기준을 충족하지 못한다고 여겼다. 63퍼센트는 홈스쿨링으로 배운 학생에 대해서는 아예 성적을 매길 수 없다고 응답했다. 미국에서는 단 한 명의 공립학교 행정가도 학생들이 교실보다 가정에서 배우는 가르침을 통해 더 많은 유익을 얻는다고 이야기하지 않았다. 단 1퍼센트의 공립학교 행정가들만이 학업 성취도 평가에서 홈스쿨 학생들이 더 나은 결과를 얻고 있다고 말했다.

물론 이것은 단순한 여론조사 결과가 아니다. 실제로 홈스쿨 학생들은 학업 성취도 평가에서 공립학교 학생들보다 평균 20~30점이나 더 높게 나타난다는 것을 결과 자료로 증명하는 것이다. 어느 쪽이 더 신뢰성이 있겠는가? 실제 시험 결과인가, 아니면 공립학교 지도자들의 여론조사인가? 무작정 자존심을 내세우는 99퍼센트의 지도자들은 홈스쿨링과 공립학교 학생들의 시험 성적을 비교한 객관적 자료에 따라 자기 판단이 잘못되었다는 사실을 인정할 필요가 있다.

홈스쿨 가정들을 위한 법적 싸움

이처럼 편파적이고 잘못된 정보를 가진 교육 행정가들이 미국 거의 모든 주에서 홈스쿨 가정들을 통제하는 법에 대한 상당한 권한을 부여받아 행사하고 있다. 한편 그들이 갖고 있는 확신의 근거가 위와 같이 잘못된 연구 조사에 기반한다는 것을 생각해 보면 그저 쓴웃음이 나올 수밖에 없다. 이는 마치 에이비스에 대해 불리한 조항을 담은 자동차 임대 관련 법규를 집행하는 권한이 허츠 사장에게 부여된 것과 같다.

이 연구 조사 결과를 읽어보면 공립학교 행정가들은 심리학의 방어기제인 '현실 부인'에 빠져 있다. 이처럼 위태로운 자아를 가진 행정가들에게 스스로 자존감을 축소시키는 경향이 있는 홈스쿨 가정들에게 맞서 법을 집행하도록 돕는 권한을 부여해서는 안 된다.

법적인 부분에서 부당한 괴로움을 당하지 않을 자유를 얻기 위한 싸움에서 아직도 갈 길이 멀다는 사실을 홈스쿨 가정들은 깨달아야 한다. 홈스쿨 가정들이 계속해서 벌이는 법적 싸움에 힘을 실어 주는 방법은 홈스쿨 자녀들의 성공을 객관적으로 보여주는 연구 결과다.

브라이언 레이 박사가 이끄는 전국가정교육연구소National Home Education Research Institute, www.nheri.org는 재택 교육에 관한 기초 연구와 조사, 대안 교육을 포함한 다양한 교육에 대한 통계와 학술 정보를 제공하는 독립적인 단체다. 이 연구소의 자료들을 살펴본다면 편파적인 여론조사가 아니라 미국 홈스쿨링 가정들에 대해 더욱 정직한 정보를 얻게 될 것이다.

교회 스타일이 희귀해진 시대

아내와 나는 2001년 부활절 전에 7명의 아이들을 데리고 쇼핑센터로 갔다. 이 무렵이면 늘 새 옷을 쇼핑하는 연례행사였다. 그러나 아이들은 점점 더 나이가 들면서 이 같은 나들이에 대해서도 차츰 흥미를 잃어갔다.

마이클은 이제 12살이다. 우리는 쇼핑센터 내 대형 백화점 두 곳을 찾아갔다. 남자아이에게 어울리면서도 단정한 소위 '교회 스타일'을 찾았는데, 두 곳 모두 100달러 선에서 고를 만한 청콤비는 없었다. 4살짜리 아들을 위한 귀여운 교회 스타일은 여럿 있었지만, 초등 저학년 정도만 되어도 교회 복장으로 어울릴 만한 옷은 쇼핑센터에서 희귀한 물건이었다.

다음날 밤에는 좀 더 먼 곳에 있는 쇼핑 아웃렛으로 갔다. 마이클과 나는 다시 교회 스타일을 찾기 위해 100개가 넘는 점포들을 일일이 둘러보았다. 100달러 내외의 청콤비는커녕 어디에서도 단정한 옷을 찾기는 힘들었다. 미국 전역에서 자기 아들에게 단정한 교회 스타일을 사 입히고 싶어 하지만, 모든 사람들이 청콤비를 편하게 사 입힐 만큼 여유로운 것도 아니다. 만약 그렇게 할 수 있다고 해도 어떤 남자아이든 매주 청콤비를 입고 싶어 하지는 않는다. 남자아이들의 옷도 대략 이 정도인데, 여자아이들의 옷은 훨씬 더 심각하다.

우리 집에는 세 명의 큰딸들을 제외하고 10살, 14살, 16살짜리 딸이 있다. 다들 비교적 체구가 작은데, 14살짜리는 엄마가 입는 작은 옷이 아니라 자기 나이 또래가 입는 평균 여자아이의 옷을 입어야 할 만큼 성장 속도가 빠르다. 첫 번째 백화점에서는 청소년 매장이 없어서 딸들의 체구와 맞을 만한 어린이 매장으로 갔다. 역시 실망스러웠다. 그럭저럭 괜찮은 여자 아이들의 옷은 하얀 앞치마에 부담스럽게 많은 레이스를 촌스럽게 달아 놓은 후 시럽 한 병을 대충 쏟아 부은 듯한 디자인이었다. 앙증맞은 듯한 느낌은 있었지만, 어떤 것도 마음에 들지 않았다. 그나마 괜찮았던 옷들은 죄다 가슴팍에 찌그러진 하얀 꽃을 박아놓았다. 중요한 건 14살짜리 소녀가 5살처럼 보이고 싶어 하지는 않는다는 것이다.

키가 작은 여성들을 위한 매장이 있었지만, 16살짜리 소녀에게는 너무 올드한 패션이었다. 거의 아줌마 핏이랄까? 다시 두 번째 백화점에 가서 청소년 매장을 들렀다. 그리로 가는 도중에서야 4살짜리 막내의 옷과 가방을 매장 탈의실에 두고 온 것이 생각났다. 아내에게 청소년 매장의 위치를 듣고, 부랴부랴 첫 번째 백화점으로 돌아왔다.

다시 아내가 일러준 청소년 매장으로 가보았지만, 내가 길을 잃은 게 분명하다는 생각이 들었다. 그곳은 죄다 여성용 속옷 매장 같았기 때문이다. 쇼윈도에는 마치 신혼 첫날 밤에 어울릴 법한 옷이나 댄서들을 위한 옷이 많아 보였다. 백화점 직원이라기에는 좀 어려보이는 어린 여성에게 청소년 매장이 어디냐고 물었다. 그 여성은 바로 여기라고 했다. 그제야 나는 미국에서 왜 십대 임신율이 높은지 깨달았다. 매장 이름이 혹시 '음란마귀'가 아닌지 다시 올려다 보았다.

과연 교회에 입고 갈만큼 충분히 단정한 옷을 찾을 수 있을지 걱정이었다. 특히 십대 딸들과 함께 공공장소에서 과다노출죄로 체포되지 않을 만큼 옷감을 넉넉하게 사용한 옷을 발견할 수 있을지 미지수였다. 아무리 그래도 이 나라에는 아직도 교회를 다니는 사람들은 충분히 남아 있지 않은가? 누군가 근사하고 매력적인 교회 스타일 전문 쇼핑몰 사업에 뛰어든다면 대박일 텐데…. ❧

7장

어머니는
온유한 내면의 아름다움을
사용한다

만약 남편이 제대로 이끌어 주지 않는다면 당신은 남편을 위하여 기도할 수 있으며 마땅히 기도해야 한다. 그러나 남편이 제대로 반응하지 않는다고 해도 결단코 하나님 따르기를 멈춰서는 안 된다. 하나님을 따르고, 거기에서 만족을 찾아라. 그리하여 어떤 사람도 훔쳐갈 수 없는 기쁨을 누리기 바란다.

남편을 훌륭한 영적 지도자로 회심시키는 법

내가 홈스쿨 아버지들을 위한 세미나를 열 때에도 대개 홈스쿨 어머니들이 혼자 나타나기도 한다. 이 어머니들은 남편들에게 어떻게 동기를 불어넣어야 할지 질문한다. 때때로 홈스쿨 어머니들은 남편이 영적으로 풀려 있는 모습을 볼 때마다 큰 좌절감을 느낀다고 말한다. 그리고 자기 남편을 훌륭한 영적 지도자로 회심시킬 수 있는 마법 같은 해결책을 내게 물어본다.

과연 어떤 대답이 가능할까? 나는 이 주제에 접근하기에 약간 두려움을 느낀다. 사실 내가 이 책에서 목표로 삼은 초점은 아내들을 격려하는 것이다. 그러나 남편에 대해 깊이 품고 있었던 아내들의 쓴 마음을 자극하지 않을까 염려되었다.

하나님은 그러한 결과를 원하지 않으신다.

여러 해 동안 나는 아버지들, 특히 홈스쿨 아버지들에게 가정에서 더 나은 영적 지도자가 되라고 격려해 왔다. 그리고 아내를 격려하는 가장 좋은 방법은 아내의 필요를 효과적으로 소통하는 것이라고 조언했다. 이런 내용은 『홈스쿨링을 시작하는 아버지가 꼭 알아야 할 것들』을 참고하기 바란다.

이 책에 쓴 대로 사실 나는 모범적인 영적 지도자가 아니었다. 그렇게 되기를 바라는 마음도 있었지만, 일관성 있게 그런 수준을 유지하기란 쉽지 않다. 오랜 세월을 거쳐 개선되고 있기는 하지만, 여전히 더욱 나아지려고 애쓰고 있다. 물론 아직도 내게는 성숙하지 못한 부분들이 많다. 설령 남편들이 영적인 면에서 온전하지 않더라도 영적 지도력이라는 목표를 소중히 여기고 올바른 방향으로 노력을 기울이며 개선해 나간다면 대다수 아내들은 나름 만족하게 될 것이다.

여기서 슬픈 현실을 한 번 직시해 보자. 사실 많은 남편들이 가정에서 성숙한 영적 지도자가 되는 길목에도 들어서 있지 않은 경우가 많다. 어떤 남편들은 전혀 아내나 가족들과 함께 기도하지 않는다. 어떤 남편들은 가족들과 함께 성경을 읽지 않는다. 또한 교회에 아예 나가지 않는 남편들도 있다. 그럼에도 이들은 자기 스스로를 기독교인이라고 고백한다.

어떤 여성들은 전혀 기독교 신앙을 가지지 않은 남자들과 결혼하기도 한다. 그런 남편은 한 번도 교회에 다닌 적이 없으며, 영적인 것에도 무관심하다. 게다가 이단이나 사이비 같은 거짓 종교를 가진 남자와 결혼한 경우도 있다. 심지어 무신론자나 예수 그리스도에 대해 공공연히 비판을 드러내는 남자와 결혼하는 경우도 있다. 이런 상황 가운데 아내들은 무엇을 해야 할까? 가정생활에서 중요한 역할에 충실하지 못한 남편에 대해 아내는 어떻게 대처해야 할까?

이에 대한 간단한 답변은 다음과 같다. 첫 번째 질문에 대해서는 적절한 성경적 답변이 있다. 남편이 영적 지도자가 되기를 거부할 때 아내에게 아무런 소망이 없는 것은 아니다. 두 번째 질문에 대해서는 당신이 지도자 역할을 감당하지 않는 남편 역할을 대신할 수 없다는 말 외에는 다른 어떤 대답도 있을 수 없다.

이토록 간단한 대답을 읽고 책을 집어던지기 전에 잠깐 동안 다시 생각해 보라. 아내들은 늘 이러한 환경에 올바르게 반응하고 대처하면서 개선하기 위한 방법을 가지고 있다. 그렇지만 아내가 가정에서 남편 대신 영적 지도자가 될 수 있는 어떤 경건한 비책은 따로 없다. 당신이 가정을 인도하는 남편의 역할을 대신 감당하려고 시도함으로써 이 문제를 해결할 수 없다는 것이다. 만약 그렇게 한다면 당신은 아마 옳은 일을 하도록 인도하기 위해 남편에게 압력을 가하고 계시는 하나님의 주권적인 일하심을 방해하는 것인지도 모른다.

아내들도 자기 남편에게 복종할지니라

아내들이여 자기 남편에게 복종하기를 주께 하듯 하라. 이는 남편이 아내의 머리 됨이 그리스도께서 교회의 머리 됨과 같음이니 그가 바로 몸의 구주시니라. 그러므로 교회가 그리스도에게 하듯 아내들도 범사에 자기 남편에게 복종할지니라

에베소서 5:22-24

에베소서 5장에서 가르치고 있는 것처럼 어떤 아내라도 자기 남편에게 순복하는 것이 마땅하다고 전제하는 긴 토론을 시작하고자 한다. 자유주의 국가에서는 어느 누구도 성경을 믿으라고 강요하진 않는다. 그것은 자유롭고 자발적인 행위일 때만 가능하다. 나는 지금 성경을 믿으며, 이 영역을 포함해 삶의 전 영역에서 성경이 말하는 대로 따르기를 원하는 여성들에게 글을 쓰고 있다.

에베소서 5장의 가르침을 자유주의 국가에서 시민법으로 제정한다는 것은 상상할 수 없는 일이다. 여성운동가들은 다른 사람들의 권리와 삶을 빼앗은 방식이 될지라도 자기 인생철학을 억지로 법제화하기 원한다. 아직 태어나지도 않은 아이들의 생명을 취하는 낙태가 그런 사례이기도 하다. 반면 대

다수 그리스도인들은 이런 식으로 정부를 이용하는 것에 대해 거부한다. 만약 당신이 에베소서 5장의 원리들을 믿지 않는다면 이 장에서 제시하는 다른 내용들도 동의하지 않을 것이다. 그래도 괜찮다. 아무도 당신에게 하나님을 따르라고 억지로 강요하진 않는다. 다만 당신이 결정해야 할 문제다.

아내의 기도가 남편을 움직인다

기도를 끈덕지게 붙잡으라

남편이 지도력을 발휘하지 않을 때 아내의 반응에 대한 문제를 차근차근 분석해 나가기 전에 이와 관련한 일반적 원리를 설명하기 위해 홈스쿨 어머니들의 정곡을 찌르는 사례를 하나 생각해 보자. 한 어머니는 성경을 통해 하나님이 자녀들을 홈스쿨로 키우도록 인도하고 계신다고 믿었다. 그런데 남편은 여기에 동의하지 않았고, 자녀들을 공립학교에 보내기를 원했다. 그러면 이 어머니는 과연 어떻게 해야 할까?

가장 먼저는 그 길로 나아가는 발걸음을 뗄 때마다 기도해야 한다. 하나님은 이 어머니보다 더 많이 자녀들의 영적 안녕에 관심을 두고 계신다. 도대체 어떻게 어머니가 자기 자녀들을 보살펴 주는 것보다 하나님이 더 많이 우리 자녀들을 돌볼 수 있는지 감히 상상하기 어렵겠지만 말이다.

어머니는 기도하는 가운데에서도 주의를 기울일 필요가 있다. 만약 이 어머니의 유일한 기도가 하나님이 남편으로 하여금 홈스쿨링을 할 수 있도록 허락해 달라는 간청이라면 이 어머니에게 잠재적인 영적 문제가 일어날 가능성도 있다. 그와 같은 결과를 얻고 싶다면 하나님에게 분명하게 이야기할 수 있다. 그러나 그 기도의 중심은 '하나님, 우리 남편의 마음이 내 뜻이 아니라 아이들을 향한 당신의 뜻에 따를 수 있도록 움직여 주옵소서'가 되어야 마땅하다.

또한 이 어머니는 이런 기도를 끈덕지게 붙잡을 필요가 있다. 그와 같은 문제를 가지고 시시때때로 하나님 앞에 나아오기를 두려워해서는 안 된다. 하나님은 결코 그런 상황에서 이 어머니가 징징거린다고 생각하지 않으신다고 확언할 수 있다. 성경의 여러 부분에서 하나님은 그러한 기도를 격려하고 계신다. 그 가운데 세 단락만 찾아보자.

끈질긴 과부와 불의한 재판관

첫 번째 단락은 내가 좋아하는 성경 이야기다. 끈질긴 과부와 불의한 재판관에 대한 비유다.

예수께서 제자들에게 늘 기도하고 낙심하지 말아야 한다는 뜻으로 비유를 하나 말씀하셨다.

"어느 고을에 하나님도 두려워하지 않고, 사람도 존중하지 않는, 한 재판관이 있었다. 그 고을에 과부가 한 사람 있었는데, 그는 그 재판관에게 줄곧 찾아가서, '내 적대자에게서 내 권리를 찾아 주십시오' 하고 졸랐다. 그 재판관은 한동안 들어주려고 하지 않다가 얼마 뒤에 이렇게 혼자 말하였다. '내가 정말 하나님도 두려워하지 않고, 사람도 존중하지 않지만, 이 과부가 나를 이렇게 귀찮게 하니 그의 권리를 찾아 주어야 하겠다. 그렇게 하지 않으면, 그가 자꾸만 찾아와서 나를 못 견디게 할 것이다.'"

주님께서 말씀하셨다.

"너희는 이 불의한 재판관이 하는 말을 귀담아 들어라. 하나님께서 자기에게 밤낮으로 부르짖는, 택하신 백성의 권리를 찾아주시지 않으시고, 모른 체하고 오래 그들을 내버려 두시겠느냐? 내가 너희에게 말한다. 하나님께서는 얼른 그들의 권리를 찾아 주실 것이다. 그러나 인자가 올 때에, 세상에서 믿음을 찾아 볼 수 있겠느냐?" 누가복음 18:1-8, 새번역

기도에 대한 가르침

신약성경에 등장하는 두 번째 단락은 모든 기도 가운데 가장 유명한 주기도문에 이어서 나온다. 제자들은 예수님께 기도를 가르쳐 달라고 요청했다. 그러자 예수님은 먼저 주기도

문을 통해 기도의 모범을 가르쳐 주신 다음, 곧바로 이 이야기를 들려주셨다.

예수께서 그들에게 말씀하셨다.

"너희 가운데 누구에게 친구가 있다고 하자. 그가 밤중에 그 친구에게 찾아가서 그에게 말하기를 '여보게. 내게 빵 세 개를 꾸어 주게. 내 친구가 여행 중에 내게 왔는데, 그에게 내놓을 것이 없어서 그러네!' 할 때에 그 사람이 안에서 대답하기를, '나를 괴롭히지 말게. 문은 이미 닫혔고, 아이들과 나는 잠자리에 누웠네. 내가 지금 일어나서 자네의 청을 들어줄 수 없네' 하겠느냐? 내가 너희에게 말한다. 그 사람의 친구라는 이유로는 그가 일어나서 청을 들어주지 않을지라도, 그가 졸라대는 것 때문에는 일어나서 필요한 만큼 줄 것이다. 내가 너희에게 말한다. 구하여라, 그리하면 너희에게 주실 것이다. 찾아라, 그리하면 찾을 것이다. 문을 두드려라, 그리하면 너희에게 열어 주실 것이다. 구하는 사람마다 받을 것이요, 찾는 사람마다 찾을 것이요, 문을 두드리는 사람에게 열어 주실 것이다. 너희 가운데 아버지가 된 사람으로서 아들이 생선을 달라고 하는데 생선 대신에 뱀을 줄 사람이 어디 있으며, 달걀을 달라고 하는데 전갈을 줄 사람이 어디에 있겠느냐? 너희가 악할지라도 너희 자녀에게 좋은 것들을 줄 줄 알거든, 하물며 하늘에 계신 아버지께서야 구하는 사람에게 성령을

주시지 않겠느냐?"누가복음 11:5-13, 새번역

하나님을 쉬게 해서는 안 된다
이 세 번째 단락은 이사야의 예언에서 비롯된다. 이 단락은
두 번째 단락에서 제시한 예수님의 요점을 보다 확실하게 이
해시켜 준다.

예루살렘아, 내가 너의 성벽 위에 파수꾼들을 세웠다. 그들은 밤
이나 낮이나 늘 잠잠하지 않을 것이다. 주님께서 하신 약속을 늘
주님께 상기시켜 드려야 할 너희는 가만히 있어서는 안 된다. 늘
상기시켜 드려야 한다. 주님께서 예루살렘을 세우실 때까지 쉬시
지 못하게 해야 한다. 또 예루살렘이 세상에서 칭송을 받게 하시
기까지 주님께서 쉬시지 못하게 해야 한다이사야 62:6-7, 새번역

우리가 자신의 '예루살렘'을 세우려고 노력할 때, 곧 우리
자녀들의 삶에 영적 유산을 전해 주려고 노력할 때 하나님이
우리에게 감당하라고 요구하시는 일에는 두 가지 요소가 있
다. 하나는 우리 자신을 가만히 있게 해서는 안 된다는 것이
다. 다시 말해 우리는 자기 삶에서 하나님의 목적을 성취하기
위해 마땅히 감당해야 하는 일들을 구체적으로 실행하기 위
해 끈질기게 노력해야 한다.

그런데 하나님의 두 번째 요구는 매우 놀라운 말이다. 우리가 하나님마저도 쉬게 해서는 안 된다는 것이다. 어떤 어머니든 담대하게 하나님 앞에 나아가 그분이 우리 가정을 위해 가지고 계신 계획을 보여주셔서 남편을 움직이게 해달라고 끈덕지게 기도해야 한다는 것이다.

남편은 어떤 목표와 우선순위를 갖고 있는가?

다만 어떤 어머니도 '그분을 쉬지 못하게 해야 한다'는 말씀이 도리어 자기 남편에게 적용되어야 할 멋진 전략이라고 생각하면 절대 안 된다. 남편과 아내가 자녀들을 교육하는 것만큼이나 중요한 주제에 관하여 깊이 있는 대화를 나누는 것은 아주 멋진 일이며, 본질적으로도 반드시 필요하다. 아내는 이 문제에 대해 남편에게 솔직하게 자기 마음을 털어놓으려고 애써야 한다. 남편의 책임은 경청하고 잘 이해하는 것이기는 하지만, 그것은 아내가 아니라 남편의 책임이다. 단지 남편이 동의하지 않는다고 해서 이해하지 못한다는 표시는 아니다.

아내는 홈스쿨링에 대한 남편의 입장과 생각을 이해할 수 있도록 이야기해 달라고 요청해야 한다. 왜 남편은 홈스쿨링을 반대하는가? 남편은 자녀들에 대해 어떤 목표를 가지고 있는가? 자녀들에 대한 남편의 우선순위는 무엇인가? 사전에 아내가 약간의 조사를 해 본 다음, 이 주제에 대한 남편의 질문에 친절하게 답변을 제시해 주는 것도 좋다. 또 아내는 홈스쿨링이 아이들을 위한 남편의 목표와 우선순위에 일치한다는 점을 보여주려고 노력할 수도 있다. 그렇지만 이것저것 너무 오랫동안 반복해서 말하는 것은 금물이다. 어느 정도만 적절히 이야기하는 것으로도 족하다.

"나는 여러 우선순위와 목표에 대한 당신의 결정을 존중해요. 홈스쿨링이 당신의 우선순위와 목표에 충분히 부합한다는 사실을 뒷받침하는 몇 가지 정보를 조금 이야기해도 괜찮겠어요?"

다시 말하지만 어떤 주제에 대해서든 계속 반복적으로 되풀이하는 것은 적절치 않다. 그렇게 되면 아내가 실제로는 여러 가지 우선순위와 목표에 대해 남편의 결정을 받아들이기보다 그저 자기 방식을 일방적으로 밀어붙이려고 한다는 것이 얼마든지 간파될 수 있기 때문이다.

만약 아내가 차분히 자기 마음을 나누고 남편에게 목표와 우선순위를 물은 후 홈스쿨링이 남편의 기준을 얼마든지 충족시킬 수 있다는 사실을 보여주었다고 하자. 그래도 여전히 동의하지 않는다면 그 주제를 한쪽으로 제쳐둔 다음 아내는 남편의 결정을 순순히 따라야 한다.

남편을 따르면서 만족을 누리게 해 주세요

아내가 하늘에 계신 아버지께 그분이 쉬지 못하도록 이 문제를 끊임없이 탄원하는 것은 전적으로 받아들일 수 있는 일이다. 한편 그와 같은 상황에서도 '우리 남편이 잘못하는 거예요. 하나님, 제발 남편을 바로잡아 주세요'라는 마음 자세를 키우지 않도록 하는 것이 매우 중요하다. 오히려 '하나님, 우리 남편을 통하여 움직이게 해 주세요. 제발 남편을 따르면서 제가 만족을 누리게 해 주세요'라고 기도하는 것이 더 합당하다.

자, 이제 이와 같은 특정 사례에서 한 걸음 뒤로 물러나 좀 더 일반적인 용어로 그 주제를 바라보자. 남편이 제대로 이끌어 주지 않는다면 아내는 어떻게 해야 할까?

1단계 : 남편의 결정이 내키지 않아도 기꺼이 따르라

남편이 마음에 들지 않는 결정을 내렸다면

앞서 설명한 사례처럼 남편은 이미 분명히 결정을 내렸다. 남편은 자녀들을 공립학교에 보내고 싶어 했다. 자기 나름대로 이끌어가고 있는 것이다. 다만 남편의 추론이 아내를 만족시키지 못했을 뿐이다. 남편은 그 결정을 내리기 위해 성경적 원리를 고려하지 않았을 수도 있지만, 어쨌든 이끌어가고 있다. 그래서 결정을 내린 것이고, 그 자신은 명확했다.

남편의 결정이 비록 마음에 들지 않더라도 아내는 분노를 느끼기보다 거기에서 만족을 찾아야 한다. 아내가 계속해서 자기 마음을 하나님께 쏟아놓을 수는 있다. 한편 이 문제에 대해 친구들에게 지속적으로 자기 마음을 쏟아놓을 때에는 매우 주의를 기울여야 한다. 아내는 남편에게 분노를 느끼기 쉬운 유혹을 받게 될 것이고, 친구들에게 "남편이 그렇게 엉뚱한 길로 나가는데, 도대체 어떻게 견딜 수 있겠어요?"라고 말하는 순간 그 분노는 강화될 것이기 때문이다.

만약 당신이 이 상황을 나에게 이야기했다면 내 입장에서는 당신의 남편이 이 문제에 대해 어리석은 결정을 내렸다고 생각할 수도 있다. 이때 내가 그것을 입 밖으로 꺼낸다면 내게 화가 있을 것이다. 어쨌든 당신을 분노로 몰아넣는 상황이나 사람을 어떻게든 피하는 게 낫다.

여기에 매우 중요한 진리가 있다. 남편이 영적 지도자가 되기를 바란다면 당신은 진심으로 기꺼이 남편의 결정을 따라야 한다. 결혼 생활 상담을 종종 하면서 아내 분들이 "남편이 분명히 잘못할 때를 제외하고는 대부분 남편의 결정을 존중하고 따라가려고 해요"라는 말을 자주 들었다. 순복하는 것과 관련한 진짜 시험은 아내 생각에 남편이 그릇된 결정을 내리고 있을 때조차도 기꺼이 남편을 따르는 것이다. 물론 남편이 소득세를 속이는 일에 동참하라는 요구처럼 도덕적으로나 법적으로 명백히 잘못된 상황은 논외로 하자.

이끌어가는 것과 따르는 것

만약 어떤 아내가 자기 남편이 진정한 영적 지도자로 변화되길 바란다면 먼저 남편의 진정한 영적 추종자가 되는 것이 우선순위다. 17살짜리 조쉬Josh의 경우를 생각해 보자. 부모는 조쉬가 주중에는 밤 11시까지, 주말에는 자정까지 집에 들어오기를 원한다. 그런데 조쉬가 늘 이보다 더 늦게 집에 들어온다. 그래서 부모는 조쉬에게 외출을 금지시켰지만, 어른들이 잠든 사이에 집에서 도망쳐 나가고 말았다. 이외에도 이런저런 특권을 제한해 보았지만, 별다른 소용이 없었다. 조쉬는 부모의 통행금지령에 대해 계속 말다툼을 벌이면서 기회만 있으면 곧장 밖으로 뛰쳐나갔다. 조쉬는 무작정 자기 부모의 결정을 순순히 따르지 않기로 결정한 것이다.

잠시 후 부모 가운데 한 사람은 이와 같은 상황에 대해 그냥 포기하고 만다. 당신이라면 조쉬에게 집에서 나가라고 말할 수도 있겠지만, 그것은 매우 중대한 결정이기에 아마도 극단으로 내몰리지 않는 한 그렇게 말하지는 않을 것이다. 만약 당신의 결정에 동의하지 않는 17살짜리 자녀가 있다면 당신은 그 아이를 이끌어가는 데 실패한 게 아니다. 오히려 그 자녀가 당신을 따르는 데 실패하고 있다.

그런데 잠시 후면 그 자녀에게는 당신이 이제 더 이상 이끌어가지 않는다는 느낌이 들 수도 있다. 그러나 실제로는 규칙이 있으며, 여전히 그 자녀로서는 따라야만 한다. 이처럼 이끌어가고 따르는 것이 의미를 가지기 위해서는 그 자녀가 당신의 권위 영역 안으로 들어와야만 한다.

이런 설명을 이해했길 바란다. 수많은 남자들이 한때 자기 아내를 이끌어가려고 했지만, 끊임없는 반발에 부딪힌 후로는 아예 포기해 버렸다. 무슨 결정을 내리려고 노력할 때마다 너무 큰 말다툼이 벌어지기 때문에 그냥 거기서 멈춰 버리는 것이다. 남자들은 이런 문제로 결혼 생활을 망치고 싶지 않기 때문에 더더욱 이끌어가기를 포기한다.

남편을 따른다는 것

만약 이런 극단적인 상황이 매우 드문 경우라고 생각한다면 여기서 한 번 논의해 보자. 매우 소수의 남자들은 단지 아내의 반발 때문에 하나님이 원하시는 영적인 지도자가 되기를 거부한다. 그러나 이처럼 남편이 영적 지도력을 발휘하지 않아서 아내가 행복을 느끼지 못한다고 말하는 결혼 생활은 흔히 존재한다.

어머니들이여, 만약 지금 당신 가운데 내주하시는 성령님을 확신한다면 당신이 반드시 해야 할 일이 있다. 남편이 하나님을 따르는 영적 지도자가 되기를 진정으로 원한다면 말이다. 지금 당장 남편에게로 나아가서 남편의 지도력에 반항하는 잘못을 저질러 왔다고 고백하라. 만약 하나님께서 마음속에 떠오르게 하시는 것이 있다면 직접 몇 가지 사례들을 언급해 보라. 지금까지 반항한 것에 대해 용서해 달라고 요청하자. 하나님의 도우심으로 말미암아 앞으로는 기꺼이 남편을 따르도록 최선을 다하겠다고 고백하라.

이것이 굉장히 힘든 일이라는 것을 잘 알고 있다. 당신은 아마도 이렇게 생각할 것이다.

'그런데 내가 남편을 따르겠다고 지금 약속했는데, 만약 남편이 도덕적으로 잘못된 결정을 내린다면 어떻게 하지?'

그런 생각 때문에 곁길로 새지 않도록 하라. 당신은 남편이 훌륭한 신앙 안에서 행동하리라는 사실을 전제로 삼아 따르겠다고 약속하는 것이다. 만약 언젠가 남편이 "좋아. 당신이 따르겠다고 약속했으니, 나와 함께 스와핑 클럽에 참여하면 좋겠어"라고 말한다면 당연히 당신은 절대로 안 된다고 남편에게 말할 수 있다.

남편과 어그러진 모든 일을 바로잡겠다는 아내의 마음을 악용하여 남편이 지도자의 권한을 남용할지 모른다는 두려움 때문에 망설이지 마라. 만약 그게 정말로 남용하는 것이라면, 곧 불법적이고 비도덕적이며, 건강하지 않은 것이라면 그것은 완전히 다른 상황이다. 그냥 남편이 정상적으로 행동할 것이라고 가정하고 남편에게 가서 이야기하라.

정말로 남편을 따르겠다고 한다면 심지어 당신의 생각에 남편이 잘못되었을 경우라도 당신은 스스로 만족을 얻는 방향으로 한 걸음 더 나아가게 된다. 그게 바로 이와 같은 상황에서 당신이 얻을 수 있는 가장 중요한 보상이다. 당신의 결정이 지체 없이 남편을 촉구하여 더 나은 지도자가 될 수도 있다. 그렇지만 비록 곧바로 이와 같은 일이 일어나지 않더라도 당신은 만족과 평안을 얻게 된다. 이것은 매우 소중한 자산이다.

2단계 : 남편에게 아내의 마음을 나누라

남편이 아내의 소망을 아예 모른다면

아내를 가장 좌절시키는 일 가운데 하나는 영적인 지도력에 관해 충족되지 않는 소망이 있다는 것이다. 또 남편에게 가장 좌절하는 이유 가운데 하나는 그런 아내의 소망을 아예 모르고 있다는 것이다. 대체로 교회에서는 남자들이 이러한 영역에서 실패하도록 이끌어 왔다. 우리는 종종 영적 지도자가 되어야 한다고 이야기를 듣기는 하지만, 이 임무를 수행하는 방법에 관한 구체적인 지침은 거의 받지 못하는 실정이다. 물론 가족들을 교회로 데려와야 한다는 사실은 잘 알고 있다. 또 우리 가족들을 위해 기도해야 한다는 것도 잘 안다. 가족 경건의 시간을 가져야 한다는 것도 잘 알고 있지만, 우리 대다수는 이와 같은 책임을 감당하도록 도와주는 어떤 지침도 교회에서 거의 받지 못하고 있는 실정이다.

아내는 영적인 지도력에 관한 소망에 대해 세부적인 내용들을 남편과 나눔으로써 두 가지 일을 한꺼번에 이루어낼 수 있다. 첫째, 남편이 영적인 지도력을 감당하도록 도와주는 법을 구체적으로 배울 수 있게 된다. 대부분 지금까지는 열정 부족 때문이 아

"어머니들이여, 남편은 당신이 알고 있는 것보다 훨씬 더 영적 지도력을 높이고 싶어 할 수도 있다. 만약 이것이 얼마나 중요한지에 대해 남편이 아내의 마음을 읽어내기만 하면 말이다."

니라 구체적인 실행 계획 부족 때문에 번번이 좌절되었던 것이다. 그래서 남편의 지도력을 개선시키기 위한 계획을 스스로 이해하도록 돕는 실제적인 제안들을 내놓을 수 있다. 이때 아내는 이렇게 말할 것이다.

"만약 당신이 식사 후에 우리 가족들에게 성경 한 장을 읽어주기만 하더라도, 그건 나에게 정말 굉장한 의미와 격려가 될 거예요."

남편의 영적 지도력에 대한 이런 소망은 곧 남편으로 하여금 실제 행동으로 옮기도록 이끌 수 있다.

남편이 아내의 마음을 읽게 하라

그리고 두 번째로 중요한 이유는 남편으로 하여금 이것이 자기 아내에게 얼마나 중요한지를 배울 수 있도록 하기 때문이다. 10여 년 전에 나는 아내의 기도 일기를 우연히 보게 되었다. 아내는 매우 작은 글씨로 기록하는 습관이 있는데, 노트 한 권에는 몇 년 동안의 주간 기도 제목이 빼곡히 적혀 있었다. 기도 일기의 초반부와 매 주마다 제1순위 기도 제목은 "남편 마이크가 우리 가정에서 더 나은 영적 지도자가 되게 해 주세요"였다. 그것은 나에게 정말 충격적이었다.

이 기도 제목에 이어지는 많은 페이지들을 넘겨보면서 점차 우선순위에서 내려가는 모습을 볼 수 있었다. 순위가 내려가고 있다는 것은 내가 점차 개선되고 있다는 뜻인지 아내에게 물어보았다. 이에 대한 아내의 답변은 이랬다.

"당신이 점차 개선되고 있었는지 모르지만, 그 목록에서 완전히 사라지지는 않았어요."

분명히 말할 수 있는 것은, 아내에게 얼마나 중요한 문제인지 아는 것만으로도 더 잘해야겠다는 동기를 불어넣어 주었다는 것이다. 아내는 나에게 시시때때로 이런저런 것들을 말해 주었기 때문에 아내가 얼마나 이것을 소중히 여기는지 잘 알고 있었다. 그러나 아내가 이것을 얼마나 소중히 여기는지를 아는 것은 나로 하여금 이전보다 더 잘하고 싶게 만드는 무언가가 있었다. 어머니들이여, 남편은 당신이 알고 있는 것보다 훨씬 더 영적 지도력을 높이고 싶어 할 수도 있다. 만약 이것이 얼마나 중요한지에 대해 남편이 아내의 마음을 읽어 내기만 하면 말이다.

불평을 늘어놓는 것

아내의 마음을 나누는 것과 불평을 늘어놓는 것 사이의 결정적인 차이점을 이해하는 것이 매우 중요하다. 대부분 여성들은 이와 같은 개념을 구분하여 지적으로 이해하기에 충분히 현명하다. 그럼에도 여기에는 상당히 다루기 힘든 감정적인 요소가 자리 잡고 있다. 당신의 목표는 하나님 앞에서 이 문제에 관해 만족과 평안을 누리는 것이다. 만약 당신이 기꺼이 만족을 누리고자 한다면, 아무리 실망스러운 순간을 맞이한다 해도 당신이 그냥 '마음을 나누려고' 작정하고 있을 경우 아마도 불평이라는 함정을 충분히 피할 수 있으리라.

불평에 대해 오해하지는 말라. 불평은 어떤 경우에도 합리화될 수 없다고 말하는 게 아니다. 또 당신의 남편이 완전하다고 말하는 것도 아니다. 당연히 남편은 예수님이 아니다. 그럼에도 불구하고 당신이 도달하려고 애쓰는 바로 그 목표가 왜 불평으로 무너지게 되는지 말해 주는 두 가지 이유가 있다. 바꿔 말하면 남편으로 하여금 영적 지도력이 아내에게 얼마나 중요한지 알리는 목표 말이다.

첫째로 불평하는 사람은 상황을 스스로 통제하려고 시도하기 때문이다. 불평하는 사람은 당장 무슨 해결책을 요구하고 있는 것이다. 소비자로서 불만을 제기해야 할 때가 가끔 있다. 때때로 우리는 요구하기도 하고 통제하기도 한다. 그러나 만약 당신이 가정의 영적 지도자로 든든히 서 있는 남편을 원한다면 상황을 스스로 통제하려고 하면서 각종 요구를 쏟아내는 것은 두 사람이 나아가야 할 목표와는 정반대로 자신을 이끌어가는 셈이다.

둘째로 불평하는 사람이 되는 것은 기쁨, 곧 만족으로부터 당신을 멀어지게 만드는 것이기 때문이다. 설령 남편이 영적 지도력에서 형편없이 실패하더라도 당신에게 기쁨이 있을 수 있지만, 당신은 감정적 우선순위에 따라 자기만족을 최고 목표로 삼는 것에는 주의를 기울여야 한다.

이제 찬찬히 당신의 마음을 나누라. 남편의 영적 지도력이 당신에게 얼마나 커다란 의미를 갖는지 솔직하게 털어놓아라. 이것이 또한 자녀들에게 얼마나 많은 유익을 줄 수 있는지 생각해 볼 수 있도록 여러 가지 통찰을 알려주라. 대다수 남자들은 사랑하는 여인의 마음에서 우러나오는 그런 진솔하고 깊은 나눔에 큰 감동을 받게 될 것이다.

3단계 : 온유한 호소로 도움을 구하라

믿지 않는 남편의 마음을 얻으려면

당신은 지금까지 계속해서 기도해 왔다. 자기 마음을 솔직히 털어놓기도 했다. 줄곧 인내심을 가지고 기다렸지만, 아무 일도 일어나지 않을 수도 있다. 혹시 당신은 부부로서 함께 기도하고 있는가? 당신의 가족이 함께 하나님의 말씀을 읽고 배우는 시간을 가져 본 적이 있는가? 남편은 자녀들의 영적 안녕에 관심을 두고 있는가? 만약 그렇지 않다면 어떻게 해야 할까?

지금까지 제안한 실행 단계들은 남편이 그리스도인이라고 고백하는 사람이라는 전제 아래서 이야기했지만, 만약 남편이 그렇지 않은 경우에도 적용할 수 있을 것이다. 만약 남편이 그리스도를 믿는 신앙을 고백하지 않는다면 어떻게 나아갈 수 있을까? 남편이 그리스도와 인격적인 관계를 고백하지 않으면서 남편을 격려하는 당신의 노력마저 거부한다면 이런 상황에 대해 직접적으로 조언해 주고 있는 베드로전서 3 장 1~7절을 읽어 보자.

아내들아 이와 같이 자기 남편에게 순종하라 이는 혹 말씀을 순종하지 않는 자라도 말로 말미암지 않고 그 아내의 행실로 말미암아 구원을 받게 하려 함이니 너희의 두려워하며 정결한 행실을 봄이라 너희의 단장은 머리를 꾸미고 금을 차고 아름다운 옷을 입는 외모로 하지 말고 오직 마음에 숨은 사람을 온유하고 안정한 심령의 썩지 아니할 것으로 하라 이는 하나님 앞에 값진 것이니라 전에 하나님께 소망을 두었던 거룩한 부녀들도 이와 같이 자기 남편에게 순종함으로 자기를 단장하였나니 사라가 아브라함을 주라 칭하여 순종한 것 같이 너희는 선을 행하고 아무 두려운 일에도 놀라지 아니하면 그의 딸이 된 것이니라 남편들아 이와 같이 지식을 따라 너희 아내와 동거하고 그를 더 연약한 그릇이요 또 생명의 은혜를 함께 이어받을 자로 알아 귀히 여기라 이는 너희 기도가 막히지 아니하게 하려 함이라 베드로전서 3:1-7

당신의 목표는 남편을 얻는 것이며, 거기에는 단 한 가지 방법이 있다. 끊임없는 논쟁이나 요구로는 남편을 무너뜨리는 데 아무런 효과를 발휘하지 못할 것이다. 성경에서는 썩지 않는 온유하고 정숙한 마음으로 속사람을 단장하여 남편을 얻는다고 말하고 있다. 이 말씀에서는 먼저 당신에게 내면을 아름답게 꾸미라고 요구하고 있다. 곧 끈질기게 기도하면서 말씀에서 당신을 위해 함축적으로 허락하신 약속을 이루어달라고 간구하라.

신자라고 고백하는 남편에게 호소하려면

그러면 신자라고 고백하는 사람과 결혼한 여성은 어떻게 해야 할까? 이에 대한 두 가지 말씀이 있다. 첫 번째는 방금 읽은 베드로전서와 같은 본문이다. 이 구절에서는 남편들이 '하나님의 말씀을 믿지 않는' 경우에 대해 이야기하고 있다. 불신자들은 성경 말씀을 아예 믿지 않는다. 그리스도인이라고 고백하면서도 가정에서 영적 지도자가 되기를 거부하는 남자들은 아내와 자녀들을 위해 영적 지도자가 되라고 촉구하는 이 말씀을 믿지 않는 것이다.

베드로전서의 접근은 두 경우에서 효과를 발휘할 수 있다. 남편이 성경 말씀을 진심으로 믿는 동시에 그 말씀을 적용하기 원하는 여성은 온유한 내면의 아름다움으로 자기 남편을 사랑함으로써 찾아오는 소망을 갖는다. 그것은 이타적인 접근 방식이다. 이처럼 그리스도인의 삶에서 흔하게 드러나듯이 이타적인 방법이 가장 강력하다.

또 베드로전서는 온유하게 호소하라고 말하고 있다. 하늘에 계신 아버지께 기도로 호소하면서 남편에게도 호소하는 것이다. 신자와 결혼한 여성들을 위해서는 마태복음 18장 15~20절을 살펴보자.

> "네 형제가 [너에게] 죄를 짓거든, 가서, 단 둘이 있는 자리에서 그에게 충고하여라. 그가 너의 말을 들으면, 너는 그 형제를 얻은 것이다. 그러나 듣지 않거든, 한두 사람을 더 데리고 가거라. 그가 하는 모든 말을, 두세 증인의 입을 빌어서 확정지으려는 것이다. 그러나 그 형제가 그들의 말도 듣지 않거든, 교회에 말하여라. 교회의 말조차 듣지 않거든, 그를 이방 사람이나 세리와 같이 여겨라."
>
> "내가 진정으로 너희에게 말한다. 무엇이든지, 너희가 땅에서 매는 것은 하늘에서도 매일 것이요, 땅에서 푸는 것은 하늘에서도 풀릴 것이다. 내가 [진정으로] 거듭 너희에게 말한다. 땅에서 너희 가운데 두 사람이 합심하여 무슨 일이든지 구하면, 하늘에 계신 내 아버지께서 그들에게 이루어 주실 것이다. 두세 사람이 내 이름으로 모여 있는 자리, 거기에 내가 그들 가운데 있다." 마태복음 18:15-20, 새번역

죄를 지은 남편에 대한 호소

그렇다면 언제 마태복음 18장의 원리를 이용하여 남편의 결정이나 행실에 대해 호소할 수 있단 말인가? 최근 나는 한 여성이 남편에게 알리지 않은 채 교회 장로들을 찾아간 이야기를 들었다. 이 여성의 불만은 남편이 경건의 시간에 제대로 가족을 인도하지 못하고 있으며, 영적 지도력의 여러 속성들을 갖추고 있지 못하다는 것이었다. 남편이 나중에 이 이야기를 듣게 되자, 두 사람 사이의 결혼 생활에는 심각한 긴장감이 흘렀다. 남편은 아내에게 강한 배신감을 느꼈다. 남편의 말에 따르면 아내는 자기를 당황스럽게 만들면서까지 자기를 속이고 장로들을 찾아갔기 때문이다.

그러면 도대체 어떻게 두 신자 사이의 결혼 생활이라는 맥락 가운데 마태복음 18장을 적용할 수 있을까? 먼저 무엇이 마태복음 18장의 말씀을 적용하게 만드는지 주목해 보자. 거기에는 어떤 형제가 당신에게 죄를 짓는 상황이 필요하다. 남편이 당신에게 죄를 짓는 것과 당신을 실망시키는 것 사이에는 큰 차이가 있다. 만약 남편이 당신을 실망시키고 아내의 기대를 저버린 게 일어난 일의 전부라면 그것은 마태복음 18장을 들먹일 이유가 없는 것이다.

여기에는 부도덕하고 불법적이고 건강하지 않은 남편의 요구에 대해 얼마든지 호소할 수 있음이 전제되어 있다. 만약 남편이 세금을 속이라고 하거나 성경에서 가르치는 도덕 명령을 어기라고 하거나, 건강이나 안전을 위협하는 일을 요구한다면 그것은 명백히 남편이 당신에게 죄를 짓는 것이다.

만약 당신이 여기에 반발하여 이것이 말다툼을 시작하는 계기가 되었다면 당신은 교회 지도자들이나 적절한 가족 구성원들에게 찾아가 호소할 수 있다. 만약 남편이 단순히 부적절한 요구를 하는데 당신이 안 된다고 말해서 남편이 당신을 그대로 내버려 둔다면 당신 역시 남편을 그냥 내버려 두어야 한다.

가정에서 영적 지도자가 되지 못하는 것은 남편의 임무를 다하지 못하는 것이다. 다만 이런 정상적인 상황 가운데서 남편의 나태함 때문에 생겨나는 이런 종류의 실패를 아내에게 저지르는 죄로 여기기는 힘들 수 있다. 모든 남편과 아내는 규칙적으로 서로에 대해 상당히 많은 죄를 저지른다. 서로에 대해 종종 무례하고, 경솔하고, 이기적이고, 교만하고, 분노하고, 사랑하지 않는 태도를 나타내기도 한다.

만약 남편이 당신에게 죄를 지을 때마다 교회 장로들에게 달려간다면 교회 지도자들은 그런 이야기를 듣느라 지쳐 버릴 것이다. 게다가 당신의 결혼 생활마저도 점차 망가지게 될 것이다. 반대로 당신이 죄를 지을 때마다 남편 역시 교회 지도자들에게 달려가 불평을 늘어놓을 수도 있다는 점을 명심

해야 한다. 그런 일은 서로 유쾌하지 않을 것이다.

결혼 생활의 일반적인 규칙은 이것이다.

무엇보다도 뜨겁게 서로 사랑할지니 사랑은 허다한 죄를 덮느니
라 베드로전서 4:8

언젠가 죄가 가정을 파괴하는 시점이 찾아오게 된다. 이것
은 거듭하여 되풀이되는 죄에서 비롯될 수 있다. 예를 들어
간통과 같은 죄의 경우에는 심지어 한두 번만 저지른다 해도
결혼을 완전히 파멸시킬 수 있다. 그런 죄는 확실히 선을 넘
는 행위이기에 아내는 마태복음 18장에서 개략적으로 설명
하는 단계들을 밟을 필요가 있다. 이런 행동은 결혼 생활에
상당한 해를 끼치기 때문에 아내는 실제로 그런 단계로 나아
가기 전에 모든 상황이 주변에 호소하는 이런 행동을 정당화
할 수 있는지 확실히 검증해야 한다.

제3자를 통해 호소하라

그 다음으로는 당사자 두 사람이 그 문제를 두고 서로 이
야기하는 것을 들어볼 수 있도록 제3자를 데려오는 것도 포
함된다. 제3자인 두세 사람의 역할은 두 부부가 각각 진리를
보도록 돕는 것이다. 이 사람들은 부부의 이야기를 듣고 확인

한 후 그에 따라 누가 어떻게 잘못되었는지를 말해 줄 수 있어야 한다.

"다만 당신이 남편과 대립하거나 남편을 대신하는 양상으로 드러나지 않도록 조심스럽게 그러한 가르침에 임하기를 제안하는 바이다."

이 모든 것들과 관련하여 주의 사항이 하나 더 있다. 당신이 실제적으로 어떤 위험에 빠져 있는 것이 아니라면 남편에게 알린 다음 마태복음 18장에 나오는 두 번째 단계를 밟아야 한다. 그러므로 먼저 분쟁을 해결하는 과정에서 어떤 도움을 받기 위해 남편이 기꺼이 장로들과 이야기할 마음이 있는지 물어보는 것이 우선이다. 두세 명의 장로들을 만나러 함께 가기 위해 남편의 동의를 얻는 편이 훨씬 나을 수 있다. 반드시 장로들이 아니라 해도 두 사람이 함께 택한 영적 권위자도 괜찮다.

그런데 성경이 분명 우리에게 절차를 가르쳐 준다면 왜 당신이 함께 가는 문제에 대해 남편의 동의를 구해야만 한단 말인가? 목표가 갈등을 해소하고 화해하는 것이기 때문이다. 그와 같은 절차로 나아가기 위해 솔직한 동의가 있을 때 화해에 도달하기가 훨씬 쉬워진다. 만약 당신이나 자녀들이 위험에 처해 있다면 혼자 가도 괜찮다. 도움을 요청하라.

호소의 목적은 그 상황에서 하나님의 뜻과 말씀을 영화롭게 하는 것이다. 그게 바로 우리가 믿음으로 살아내야 할 기준이다. 만약 목표가 단지 당신 마음대로 하는 것이라면 틀림없이 실망하게 될 것이다. 사실상 장로들은 당사자 두 사람에게 도덕적 권위를 행사할 수 있음을 명심하면서 오히려 당신은 그 호소에 대한 결과에 순종해야 한다. 아무도 누군가에게 마태복음 18장의 절차대로 호소한 결과를 따르라고 강요할 순 없다. 하나님이 그 심령 가운데 죄를 깨닫게 하시지 않으면 어떤 종류의 인간적 간섭도 당사자 두 사람에게는 거절되고 말 것이기 때문이다.

4단계 : '온유한 내면의 아름다움'을 사용하라

기꺼이 따르겠다는 마음을 남편에게 표현했다. 또 과거의 어떤 반항에 대해서도 다 용서를 구했다. 물론 끈질기게 기도하고, 마음을 솔직하게 나누기도 했다. 또 어떤 경우에는 적절히 호소하기도 했다. 그럼에도 남편이 여전히 아무것도 하지 않는다면 이제 어떻게 해야 하는가?

이 순간이 바로 오직 하나님만을 신뢰해야 할 때이다. 베드로전서 3장은 온유한 내면의 아름다움으로 남편을 얻으라고 조언한다. 이는 곧 하나님의 말씀에 대한 남편의 거부에도 불구하고 온 마음을 다해 남편을 사랑해야 한다는 명백한 함의가 담겨 있다. 온유한 내면의 아름다움이라는 전략을 사용하여 남편을 얻기 위해서는 몇 년이 걸릴지도 모른다. 남편은 전혀 바뀌지 않을 수도 있다. 그러나 이 모든 세월 동안 내면의 아름다움이라는 기술을 실천했을 때, 당신이 무엇을 얼마나 잃을 수 있겠는가? 오히려 남편에 대한 당신의 만족, 평안, 기쁨, 매력은 점점 더 커지게 될 것이다.

남편은 자기 자신에 대한 책임을 스스로 져야 한다. 당신이 남편의 삶 속에서 성령이 될 수는 없다. 당신은 오직 자기 자신에 대해서만 책임질 수 있을 뿐이다. 오직 자기 자신의 내적인 평화라는 영역에 대해서만 온유한 아름다움을 실천할 때 얼마든지 승리자가 될 수 있다. 이 싸움에서 승리하는 것은 값으로 따질 수 없는 엄청난 보화를 소유하는 것과 같다.

남편이 제대로 반응하지 않을지라도

만약 남편이 가족에게 성경을 가르치려고 하지 않는다면 내가 가르쳐야 하는가?

그렇다. 당신이 남편의 지도력을 대신할 순 없지만, 성경에서는 어머니가 자녀들에게 가르칠 수 있다고 전제한다_{잠언 1:8;} 6:20, 디모데전서 1:5. 하나님은 부모들에게 하나님을 사랑하고 그 분의 명령에 순종하도록 자녀들에게 가르치라고 말씀하신다 신명기 6장.

다만 당신이 남편과 대립하거나 남편을 대신하는 양상으로 드러나지 않도록 조심스럽게 그러한 가르침에 임하기를 제안하는 바이다. 저녁 식사 직후에 가족 성경을 꺼내놓고 남편 앞에서 가르치기를 시작하지 말라. 당신은 홈스쿨링을 하고 있으므로 환경은 언제나 완벽하다. 남편에게 불편한 분위기나 압력을 가하지 않는 시간을 골라 가장 적절한 때에 자녀들에게 하나님의 말씀을 가르치고 적용하는 시간을 가진 후 학과 공부를 시작하도록 하라.

나 혼서 자녀들을 교회에 데리고 가야 하는가?

물론이다. 만약 남편이 당신도 역시 가지 못하게 한다면 문제는 수월하다. 그냥 아이들만 교회에 데려다 주라. 만약 남편이 아이들을 교회에 데려다 주는 것조차도 못하게 한다면 당신은 아마도 남편의 지시를 따라야 할 것이다. 아이들을 가정에서 가르쳐라. 만약 남편이 인터넷으로 예배 영상을 틀어 놓는 것을 금지하지 않는다면 교회에 가는 대신 그렇게 하도록 하라.

만약 남편이 거짓 종교 모임에 자녀들을 데리고 간다면?

이것은 사실 가장 어려운 문제다. 나는 당신이 모세의 어머니가 보여준 본보기를 따라야 한다고 생각한다. 그 아들 모세는 바로의 집으로 들어가게 되었다. 모세가 바로의 교육·철학·종교에 노출되어 있다고 추정해 보아야 한다. 모세의 어머니는 틀림없이 자기 아들을 위하여 간절히 기도했을 것이며, 기회가 닿을 때마다 부지런히 모세에게 진리를 가르쳤을 것이다. 당신도 역시 그렇게 해야 한다. 어떤 엄마든 그러한 환경에서 아이들을 보호하기 위해 자기 힘으로 할 수 있는 모든 것을 해야 한다. 그리고 하나님께 아이들을 보호해 달라고 간구하는 것은 불신자 남편이 고집을 피울 경우에 할 수 있는 최종 방어선이다.

내가 남편과 함께 거짓 종교 모임에 가야 하는가?

아니다. 다만 본질적으로 기독교 신앙의 근본적인 진리를 가르치는 다양한 교회들 사이의 교단적인 분쟁이 아니라 당신이 정말로 거짓 종교에 대해 이야기하고 있는지 분명히 해야 한다. 거짓 신을 예배하라고 당신에게 명령하는 것은 분명 남편이 넘지 말아야 할 선을 넘는 것이다. 이에 대해서는 사도행전 5장 29절의 말씀을 적용할 수 있을 것이다.

사람에게 복종하는 것보다 하나님께 복종하는 것이 마땅하다.

이번 장에서는 전체적으로 아내가 남편의 지도력에 순복해야 한다는 성경의 가르침에 이미 동의하는 여성들을 대상으로 이야기했다는 사실을 염두에 두기 바란다. 그러나 남편을 포함한 어떤 남자도 하나님에게 불순종하도록 여성에게 명령할 권리는 없다. 비록 남편의 기대에 따르는 것과 하나님의 명령에 충성하는 것 사이에서 결정을 내리도록 요구받는 것이 결코 쉽지는 않겠지만, 언제나 하나님께 순종하라.

하나님 따르기를 멈추지 마라

만약 남편이 제대로 이끌어 주지 않는다면 당신은 남편을 위하여 기도할 수 있으며 마땅히 기도해야 한다. 그러나 남편이 제대로 반응하지 않는다고 해도 결단코 하나님 따르기를 멈춰서는 안 된다. 하나님을 따르고, 거기에서 만족을 찾아라. 그리하여 어떤 사람도 훔쳐갈 수 없는 기쁨을 누리기 바란다. ❧

원안크로스† : 홈스쿨 여행 캠프

2016~7년 파일럿 그룹으로 시작된 아버지 독서모임은 원안적인 삶의 양식을 회복하고, 복음적인 교육 방식을 추구하며, 공동체적인 마을 살이를 지향하는 '원안크로스+(God's Original Design & Cross)'로 태어나게 되었다. 토요일마다 새벽을 깨운 아버지 독서모임으로 말미암아 현재 '홈스쿨 여행 캠프'의 기틀이 마련되었고, 2017년 3월 열린마을 모임에서는 이 3가지 방향성을 토대로 홈스쿨링에 관해 연구·훈련·자문하는 사역기관인 원안크로스+가 정식으로 발족되었다.

지금까지 원안크로스+에서 진행한 〈홈스쿨 여행 캠프〉는 2017년에 파주와 일산을 비롯한 수도권에서 시작되어 홈스쿨 부모들과 더불어 "온 가족이 함께 떠나는 즐거운 믿음 여행"에 관하여 새로운 배움의 기회를 제공했다. 2018년 겨울-봄 학기에는 파주, 일산, 성남, 용인, 평택, 아산, 구리, 오산, 송탄, 서울 강서 등 전국 각지에서 동시다발로 진행되었다. 2019년 가을 학기에 시즌 1 캠프가 45기, 시즌 2 캠프가 2기까지 진행되었고, 홈스쿨의 성경적 기초 원리와 전반적인 밑그림을 그려나갈 수 있도록 함께 배움의 길을 걸어왔다.

원안크로스+는 위 3가지 방향성과 가치를 실현하기 위해 앞으로도 전국에서 찾아가는 〈홈스쿨 여행 캠프(Homeschooling Ad-venture Camps)〉를 열어나갈 계획이며, 향후 〈1일 원샷 캠프〉 〈성경적 자녀 양육 캠프(4주 과정, 홈스쿨러 & 비홈스쿨러 대상)〉 〈홈스쿨 자녀 캠프(Homeschooling Youth Camp)〉, 캠프 졸업생들을 위한 〈GPN 수양회〉 등 다양한 필요를 채우기 위해 사역을 열어가기 위해 기도하고 있다.

원안크로스+ 섬김이
임종원 (ljw2000@hanmail.net / 010-2551-2767)
이묘범 (lmb2767@hanmail.net / 010-2802-2767)

홈스쿨 여행 캠프 소개   홈스쿨 여행 캠프 신청

한국기독교홈스쿨협회
Korea Christian Homeschool Assosiation

한국기독교홈스쿨협회는 2000년대 국내 홈스쿨링을 시작한 1세대 가정들과 해외에서 홈스쿨링을 경험하고 입국한 가정들로부터 시작되었다. 미국에서 온 홈스쿨 가정의 브래드 볼러가 대표로 있던 한국기독교가정학교협의회(CHEA KOREA)와 김남영 교수가 대표로 있던 홈스쿨연맹이 연합하여 홈스쿨 세미나와 컨퍼런스를 진행해왔고, 2006년 두 단체가 통합되어 한국기독교홈스쿨협회(KCHA)가 출범하게 되었다. 2007년 비영리법인으로 정식 인가되었다. 이후로 다양한 세미나를 통해 활발한 네트워크 사역과 교육을 진행하고 있다. 홈스쿨은 한국 기독교의 미래라는 비전 아래서 현재 다양한 사역을 진행하고 있다.

· 법적 제도적 개선 : 국가의 법적 제한 문제 및 가정과 부모의 권리를 보호하기 위한 노력
· 네트워크 활성화 : 홈스쿨러 가정 소개, 지역 모임 활성화, 전국 지회 협력 운영
· 단체(모임) 활성화 : 지원 단체 /홈스쿨 단체와 협력을 통해 홈스쿨 활성화를 위한 지원
· 매거진 제작 : 홈스쿨러 가정에서 받아볼 수 있는 홈스쿨 정보지를 보급
· 국제홈스쿨연맹 : 국제 홈스쿨 연맹에 가입하여 협력함으로 국제적 활동
· 행사 주최 : 컨퍼런스,엑스포, 정기 강좌, 축구대회, 음악회, 가족 캠핑 등 연합 활동
· 허브 역할 : 홈스쿨러와 각종 단체의 허브 역할로 서로를 연결
· 학습 정보 제공 : 다양한 분야의 학습 단체 및 대안 교육을 발굴하고 소개

상담 및 문의
010-7309-8283 / contact@khomeschool.com
웹사이트 : http://khomeschool.com

조슈아홈스쿨아카데미(JHA)는 홈스쿨을 통해 하나님의 방식으로 자녀를 교육하기 원하는 그리스도인 가정들을 돕기 위해 세워진 비영리 홈스쿨 지원기관이다. JHA는 2002년부터 시작된 홈스쿨 부모들의 협력모임에서 출발하여 2007년 9월 새 이름을 갖게 되었다. 홈스쿨 가정들이 성경적인 기초 위에 분명한 가치를 정립할 수 있도록 하고 부모를 교육하고 지역 네트워크를 통해 좀더 쉽게 홈스쿨을 시작할 수 있도록 지원하며, 홈스쿨 가정들과의 교제를 통하여 다양한 정보와 활동할 수 있는 기회를 제공하고 있다. 또 각 가정 학교의 교육과정과 방법, 부부 문제, 자녀 문제 등을 상담하고 필요한 자원을 공급하는 가정지원센터로서의 역할도 하고 있다. 각 지원 모임의 리더들이 다른 가정을 섬기는 일에 더욱 헌신될 수 있도록 코칭 패밀리를 육성하고, 특별히 지역 교회의 홈스쿨을 돕기 위하여 홈스쿨 세미나와 품성 학교, 부모 교육 등을 지원한다.

· 코업 협력 모임 : 홈스쿨 가정들이 함께 공부하고 경험을 나누고 격려하는 모임
· 부모 교육 : 주별, 월별, 학기별 등 다양한 필요에 따른 부모 교육 프로그램 제공
· 로고스북 커리큘럼 제공 : 품성과 성경 중심의 통합교육 커리큘럼 제공(4년 과정)
· 가정 상담 : 홈스쿨링의 진행, 가정 문제, 학습 과정, 스케줄 관리 등 상담 지원
· 홈스쿨 가족 캠프 : 자연학습, 음악, 영어, 과학, 독서 등 전문기관과 협력한 캠프 진행
· 클럽 활동 : 스포츠 클럽, 소녀 클럽, 자연학습 클럽, 과학 클럽 등 관심사별 활동 제공

상담 및 문의
010-3319-0091, 031-774-3325 / jongchul52@hanmail.net
웹사이트 : http://jhakorea.org

글로벌홈스쿨링아카데미는 성경적 홈스쿨을 추구하는 기독 홈스쿨러들을 실제적으로 도우며 가정과 교육의 회복과 대안적 모델을 제시하는 지구촌교회의 홈스쿨 지원 사역이다. 글로벌홈스쿨링아카데미는 기독교 세계관에 기초한 원안 교육인 홈스쿨링을 통해 가정과 교회와 교육의 회복과 성장을 추구하며 민족을 치유하고 세상을 변화시키는 비전을 가지고 있다. 현재 성경적 홈스쿨링을 통해 교회와 세상에 성경적 가정과 교육 모델을 제시하고 영성, 인성, 지성이 균형 있고 통합된 성장을 이루는 예수님의 제자와 하나님 나라의 백성을 길러내고 있다.

· 성경적 원안 교육 : 교회와 기관으로서 성경적 원안 교육의 역할 모델
· 가정회복운동 : 부모 훈련과 자녀 훈련을 통한 영성 및 성품 훈련
· 성경적 이론 정립 및 보급 : 기독교 세계관에 기초한 통합교육 커리큘럼 개발 및 지원
· 관련 프로그램 개발 및 운영 : 원안교육 및 홈스쿨링 관련 프로그램 개발 및 운영
· 홈스쿨링 가족들의 공동체성과 성경적 리더십 개발을 위한 협력 모임 운영
· 각종 홈스쿨링 관련 특강, 세미나, 워크숍 및 캠프 지원 및 개최

상담 및 문의
031-716-9026 / admin@globalhome.or.kr
웹사이트 : http://globalhome.or.kr

GPN(Godly Parenting Network)

GPN은 10년간 이어온 고양·파주지역 홈스쿨 네트워크 모임을 넘어 가치 중심의 비전 공동체로서 "신앙 가문으로 경건한 다음 세대를 세워가는 하나님의 비전"에 동감하고 동참하며 동역하는 주체들(교회/기관/가정/개인)과 두루 연대하여 전국 곳곳에서 건강한 홈스쿨 생태계를, 더 나아가 온 땅에 하나님 나라를 세워나가라는 부르심을 받고 시작되었다.

GPN은 기존의 고파네와 원안크로스+뿐만 아니라 이 비전에 공감하고 동의하여 동역하기를 원하는 주체들이 함께 힘을 모아 GPN홈스쿨연구소, 법률지원센터, 자료센터, 상담센터, 홈스쿨 마을공동체 등을 세워나가기 위해 준비하고 있다. 이와 같은 일을 통해 우리 자녀들이 경건한 다음 세대로 자라나 세계 속에서 하나님의 사랑을 전하는 일꾼으로 든든히 세워져야 한다.

이러한 사역은 단지 몇 명의 열심으로 되는 것이 아니라 비전과 가치에 공감하고 동역을 원하는 모든 교회, 기관 및 단체, 홈스쿨 지역 네트워크 모임, 가정과 개인 등 뜻과 재능을 모으고 함께 연대해야 한다. 우리 삶의 자리에서 원안으로서 홈스쿨링을 적용하여 하나님이 기뻐하시는 가정을 만들어가는 사역에 우리가 모두 신실하게 반응하며 서로 두 손을 맞잡고 함께 걸어 나아갈 수 있기를 바란다.

· 동참회원 : 연구 기획/사무 행정/교육 훈련
· 기도회원 : 매일/매주/매월/매년 정기적인 중보 기도
· 후원회원 : 개인/가정 월 1만원, 교회/기관/단체 일정액 이상

GPN 섬김이
임종원 비상임대표 / ljw2000@hanmail.net / 010-2551-2767
관련 커뮤니티 : http://cafe.daum.net/biblicaleducation

GPN 동역 신청서

지역 홈스쿨 네트워크 모임

각 지역마다 가까운 곳에서 홈스쿨 가정들이 참여할 수 있는 지역 홈스쿨 네트워크 모임을 소개한다. 반드시 거기에 등록하고 소속되어 해당 프로그램을 일정 부분 쫓아가야 하기 때문에 참여나 활동이 다소 엄격하고 어려운 홈스쿨 기관이나 단체와는 다르다. 각 모임마다 운영 원칙이나 사정이 다를 수는 있지만, 각 가정에서 자유롭게 독립적이고 주체적으로 홈스쿨을 진행해 나가면서도 지역 홈스쿨 가정들이 함께 모여 느슨하게 연대하면서 자유롭게 참여하고 활동할 수 있는 곳이 바로 지역 홈스쿨 네트워크 모임이다. 홈스쿨러 및 관심 있는 분들에게는 홈스쿨링을 실제적으로 이해하고 도움을 얻고 조언을 구할 수 있는 모임으로서 함께 홈스쿨링을 하고 있는 가정들을 만나는 것만으로도 큰 힘이 될 것이다.

모임	이름	연락처
서울노원 홈스쿨 네트워크 모임	서영희	010-4999-4284
서울강서 홈스쿨 네트워크 모임	김상태	010-5117-9143
인천지역 홈스쿨 네트워크 모임	이상현	010-7327-2926
고양파주 홈스쿨 네트워크 모임	임종원	010-2551-2767
광명지역 홈스쿨 네트워크 모임	박미순	010-2524-6225
오산지역 홈스쿨 네트워크 모임	신현정	010-9808-4110
천안아산 홈스쿨 네트워크 모임	이덕주	010-6565-8425
송탄지역 홈스쿨 네트워크 모임	이대인	010-9800-2156
청주지역 홈스쿨 네트워크 모임	박영우	010-9014-5615
대전지역 홈스쿨 네트워크 모임	장태주	010-3435-0316
경북지역 홈스쿨 네트워크 모임	김진선	010-9162-0730
대구지역 홈스쿨 네트워크 모임	정민아	010-5653-2237
부산경남 홈스쿨 네트워크 모임	박기영	010-8724-9294
울산지역 홈스쿨 네트워크 모임	권지원	010-2818-7900
서부경남 홈스쿨 네트워크 모임	이영희	010-7525-7139
거제지역 홈스쿨 네트워크 모임	이종수	010-2648-5891
광주지역 홈스쿨 네트워크 모임	이경선	010-7661-9701
전주지역 홈스쿨 네트워크 모임	이철민	010-2618-0744
강원지역 홈스쿨 네트워크 모임	이태진	010-9423-1266
제주지역 홈스쿨 네트워크 모임	김유리	010-3163-7773

홈스쿨 포털 아임홈스쿨러는 성경적인 가치관으로 자녀를 양육하고자 하는 홈스쿨러들의 활발한 커뮤니케이션을 위해 만들어졌다. 아임홈스쿨러는 홈스쿨지원센터에서 운영을 지원하고 있다. 아임홈스쿨러는 다음과 같은 일들을 기대하며 사역하고 있다.

· 홈스쿨러간의 소통 : 쉽지 않은 길을 걷는 홈스쿨러들이지만, 부모와 자녀가 변화하고 회복되는 것은 하나님이 기뻐하시는 길이기에 묵묵히 이 길을 걷고자 한다. 하지만 함께 걷는 동행자가 있다면 조금 덜 외롭고 힘이 날 것이다. 홈스쿨러 간의 다양한 소통이 있기를 바라며 특별히 지방 홈스쿨러 간의 소통 공간이 되고자 한다.
· 정보 교류 : 다양한 정보들이 오고감으로서 서로간에 유익을 끼치고자 한다. 대다수 삶들은 주기보다 받기를 원하지만 나눔으로 함께 축복을 누리는 아임홈스쿨러가 되고자 한다.
· 홈스쿨링의 가치 전달 및 확산 : 홈스쿨링은 일반적으로 알려진 것처럼 단순히 학교를 안 가고 집에서 공부하는 것이 아니다. 신앙과 일치된 교육을 통해 우리 자녀를 그리스도의 제자로 삼는 홈스쿨링 가치들이 아임홈스쿨러를 통해 확산되기를 기대한다.

상담 및 문의
050-5504-5404 / 4idad@naver.com
웹사이트 : https://imh.kr
홈스쿨지원센터 : http://homeschoolcenter.co.kr

활생명 시리즈 02 자녀라는 값진 열매를 사랑으로 맺게 하는 홈스쿨의 핵심
홈스쿨링을 시작하는 어머니가 꼭 알아야 할 것들

초판 1쇄 인쇄 2019년 9월 5일
초판 1쇄 발행 2019년 9월 15일

지은이 마이클 패리스
옮긴이 임종원

펴낸이 조현철
펴낸곳 카리스
출판등록 2010년 10월 29일 제406-2010-000097호
주소 경기도 파주시 풍뎅이길 26-15, 2F

전화 031-943-9754
팩스 031-945-9754
전자우편 karisbook@naver.com
총판 비전북 (031-907-3927)

값 13,000원

ISBN 979-11-86694-08-4 04230
(세트) 979-11-86694-06-0

· 이 책의 판권은 카리스에 있습니다.
· 잘못된 책은 바꿔드립니다.
· 이 책의 전부 또는 일부 내용을 재사용하려면
  사전에 저작권자와 카리스의 동의를 받아야 합니다.